AF188577

Impressum
Verlag: BABADADA GmbH, Nedderfeld 112 , 22529 Hamburg
Geschäftsführer / Verlagsleitung: Harald Hof
Druck: Books on Demand GmbH, In de Tarpen 42, 22848 Norderstedt

Imprint
Publisher: BABADADA GmbH, Nedderfeld 112 , 22529 Hamburg, Germany
Managing Director / Publishing direction: Harald Hof
Print: Books on Demand GmbH, In de Tarpen 42, 22848 Norderstedt

σχολείο
School

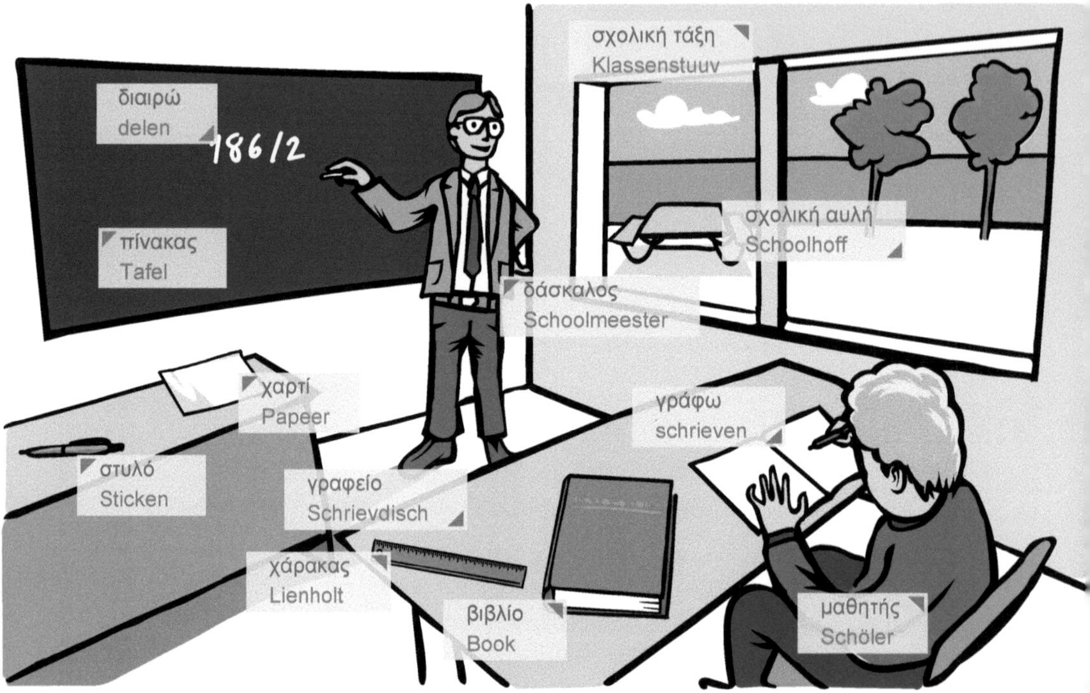
σχολική τάξη
Klassenstuuv
διαιρώ
delen
186/2
πίνακας
Tafel
σχολική αυλή
Schoolhoff
δάσκαλος
Schoolmeester
χαρτί
Papeer
γράφω
schrieven
στυλό
Sticken
γραφείο
Schrievdisch
χάρακας
Lienholt
βιβλίο
Book
μαθητής
Schöler

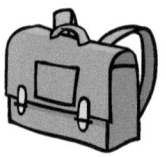

σχολική τσάντα

Ranzel

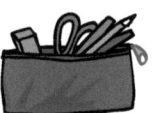

κασετίνα/ μολυβοθήκη

Feddermapp

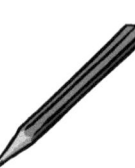

μολύβι

Bleesticken

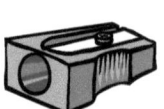

ξύστρα

Scharpmaker

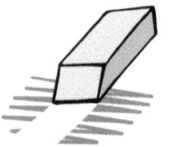

γόμα

Radeergummi

μπλοκ ζωγραφικής

Tekenblock

ζωγραφική
Teken

πινέλο
Pinsel

κουτί χρωμάτων
Malkassen

ψαλίδι
Scheer

κόλλα
Klever

τετράδιο ασκήσεων
Heft to'n Öven

εργασία για το σπίτι
Huusopgaav

12

αριθμός
Tall

2+2

προσθέτω
tohooptellen

5-2

αφαιρώ
aftrecken

2×2

πολλαπλασιάζω
malnehmen

υπολογίζω
reken

A

γράμμα
Bookstaav

ABCDEFG
HIJKLMN
OPQRSTU
VWXYZ

αλφάβητο
ABC

λέξη
Woort

κείμενο

Text

διαβάζω

lesen

κιμωλία

Kried

μάθημα

Stunn

εγγράφομαι

Klassenbook

τεστ

Pröven

πιστοποιητικό

Tüügnis

μαθητική στολή

Schooluniform

εκπαίδευση

Utbillen

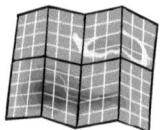

εγκυκλοπαίδεια

Nakieksel

πανεπιστήμιο

Universität

μικροσκόπιο

Mikroskop

χάρτης

Koort

καλάθι αχρήστων

Papeerkorf

σχολείο - School

ταξίδι
Törn

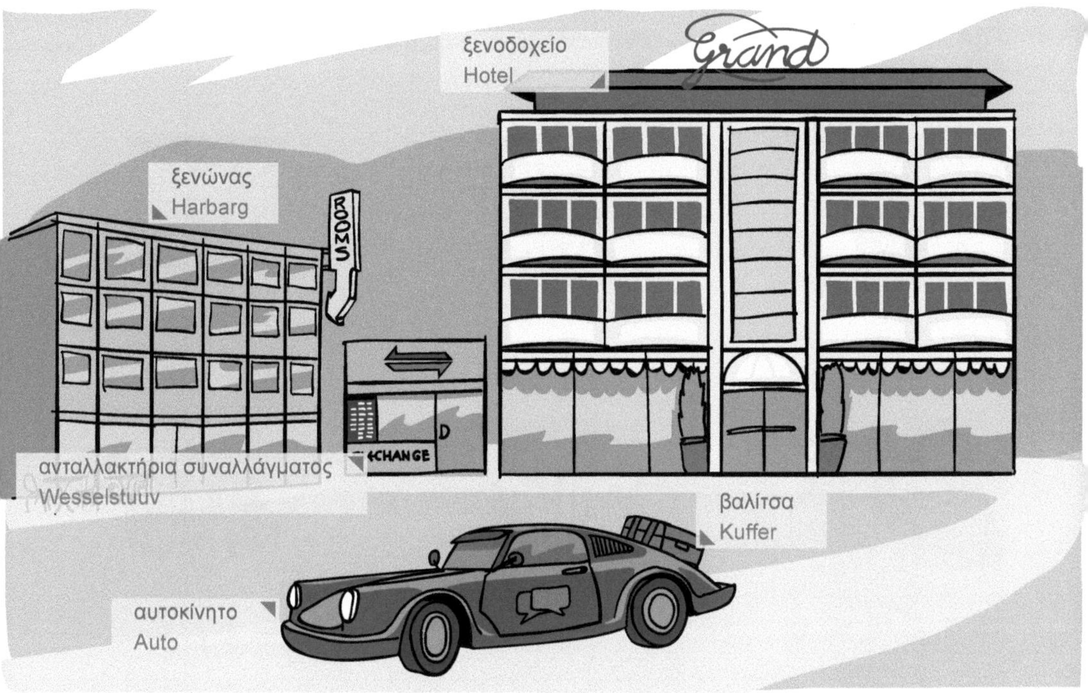
ξενοδοχείο
Hotel
Grand
ξενώνας
Harbarg
ROOMS
ανταλλακτήρια συναλλάγματος
Wesselstuuv
βαλίτσα
Kuffer
αυτοκίνητο
Auto

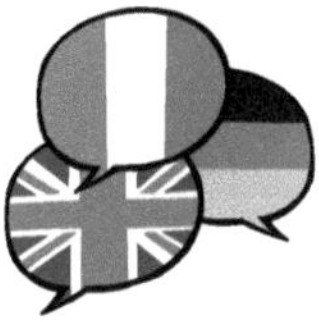

γλώσσα

Spraak

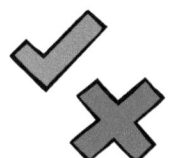

ναι / όχι

jo / ne

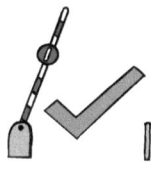

εντάξει

Jo

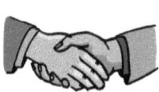

γεια σου

Moin

μεταφραστής

Översetter

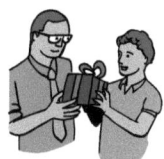

Ευχαριστώ

Dank ok

πόσο κάνει ;

Wat kost…?

Δε καταλαβαίνω

Ik verstah nich

πρόβλημα

Problem

Καλησπέρα!

Goden Avend

Καλημέρα!

Moin!

Καληνύχτα!

Gode Nacht!

Αντίο

Tschüüs

κατεύθυνση

Richt

αποσκευές

Bagaasch

τσάντα

Tasch

σακίδιο πλάτης

Rüchsack

καλεσμένος

Gast

δωμάτιο

Stuuv

υπνόσακος

Slaapsack

σκηνή

Telt

τουριστικές πληροφορίες

Touristeninformatschoon

παραλία

Strand

πιστωτική κάρτα

Kreditkoort

πρωινό

Fröhstück

μεσημεριανό

Meddageten

δείπνο

Avendeten

εισιτήριο

Fohrkort

ανελκυστήρας

Fohrstohl

γραμματόσημο

Breefmark

σύνορα

Grenz

τελωνείο

Toll

πρεσβεία

Bottschop

βίζα

Visum

διαβατήριο

Pass

μεταφορά
Transport

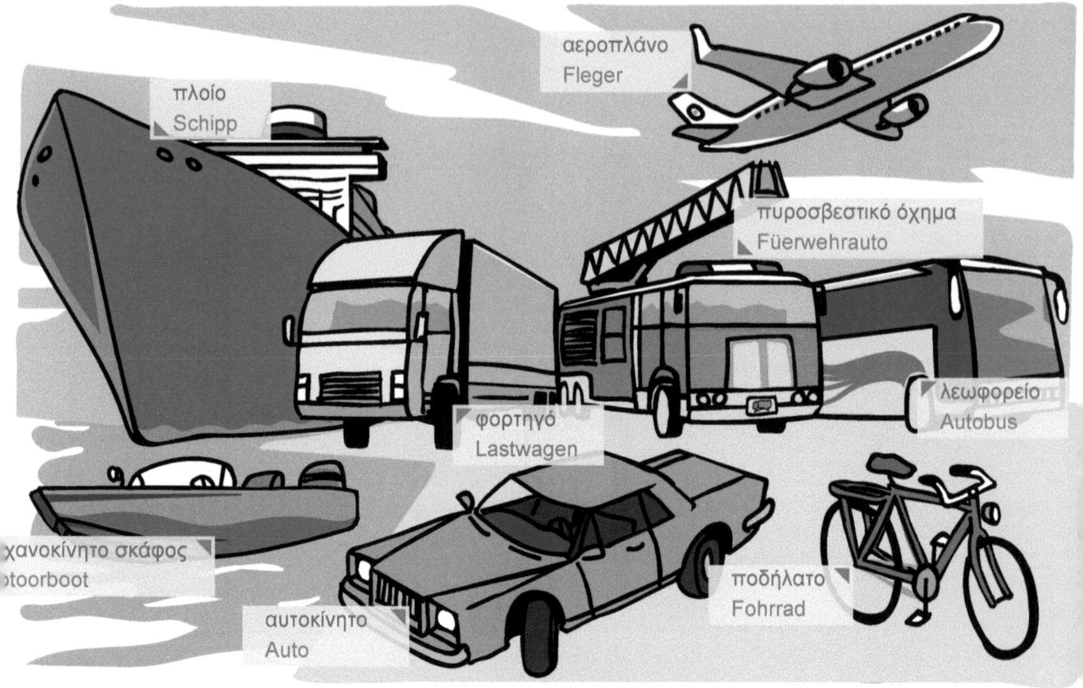
αεροπλάνο
Fleger
πλοίο
Schipp
πυροσβεστικό όχημα
Füerwehrauto
λεωφορείο
Autobus
φορτηγό
Lastwagen
χανοκίνητο σκάφος
toorboot
ποδήλατο
Fohrrad
αυτοκίνητο
Auto

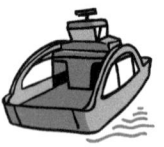

φεριμπότ
Fähr

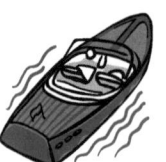

βάρκα
Boot

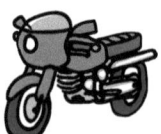

μοτοσικλέτα
Motoorrad

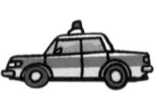

περιπολικό
Polizeiauto

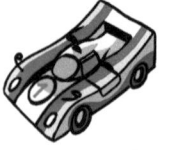

αγωνιστικό αυτοκίνητο
Rönnauto

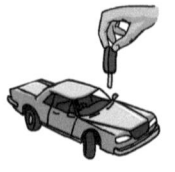

ενοικιαζόμενο αυτοκίνητο
Lehnwagen

διαμοιρασμός αυτοκινήτων

Carsharing

γερανός

Afsleepwagen

απορριμματοφόρο

Müllauto

κινητήρας

Motoor

καύσιμο

Kraftstoff

βενζινάδικο

Tanksteed

πινακίδα σήμανσης

Verkehrsschild

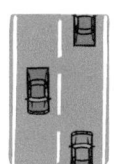

κυκλοφορία

Verkehr

κυκλοφοριακή συμφόρηση

Stau

χώρος στάθμευσης

Afstellplatz

σιδηροδρομικός σταθμός

Bahnhoff

σιδηροδρομικές γραμμές

Sporen

τρένο

Tog

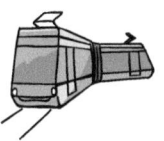

τραμ

Stratenbahn

βαγόνι

Wagon

ελικόπτερο
Dwarsmöhl

αεροδρόμιο
Flooghaven

πύργος
Tower

επιβάτης
Fohrgast

εμπορευματοκιβώτιο
Grootkist

χαρτοκιβώτιο
Karton

καρότσι
Koor

καλάθι
Korf

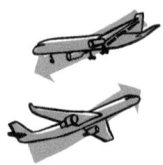

απογειώνομαι /
προσγειόνομαι
starten / lannen

πόλη
Stadt

χωριό
Dörp

κέντρο της πόλης
Binnenstadt

σπίτι
Huus

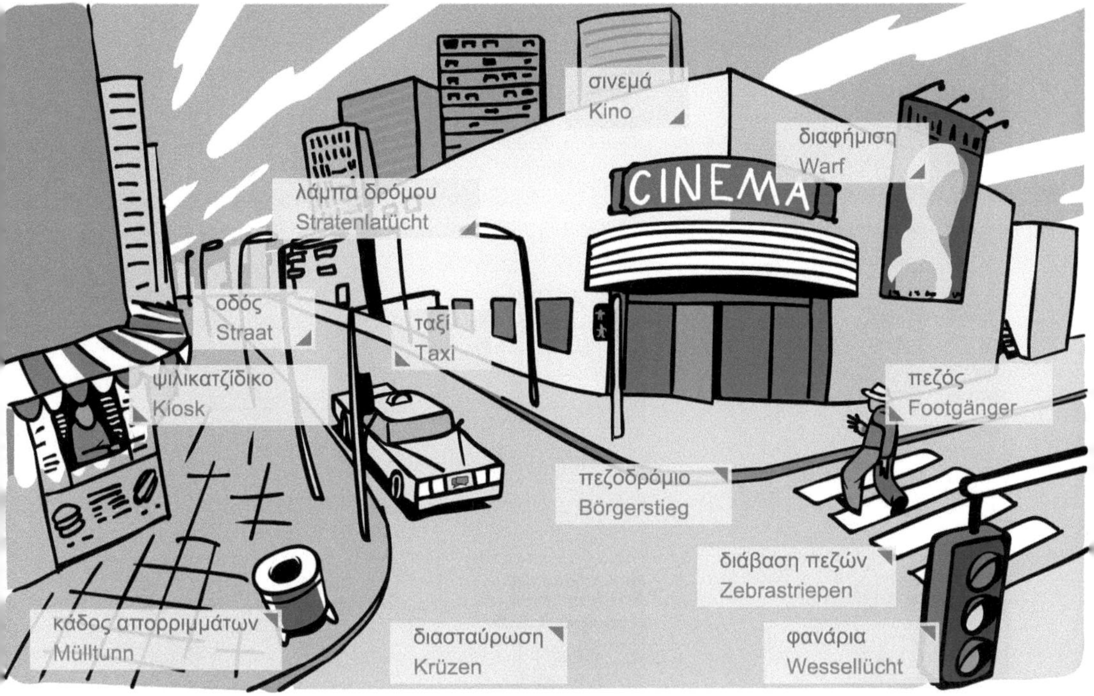

σινεμά
Kino

διαφήμιση
Warf

λάμπα δρόμου
Stratenlatücht

οδός
Straat

ταξί
Taxi

ψιλικατζίδικο
Kiosk

πεζός
Footgänger

CINEMA

πεζοδρόμιο
Börgerstieg

διάβαση πεζών
Zebrastriepen

κάδος απορριμμάτων
Mülltunn

διασταύρωση
Krüzen

φανάρια
Wessellücht

καλύβα

Hütt

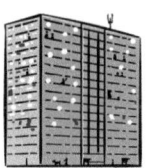

διαμέρισμα

Wahnung

σιδηροδρομικός σταθμός

Bahnhoff

δημαρχείο

Raathuus

μουσείο

Museum

σχολείο

School

πανεπιστήμιο
Universität

τράπεζα
Bank

νοσοκομείο
Krankenhuus

ξενοδοχείο
Hotel

φαρμακείο
Afteek

γραφείο
Büro

βιβλιοπωλείο
Bookhökerie

κατάστημα
Hökerie

ανθοπωλείο
Blomenhökerie

σούπερ μάρκετ
Supermarkt

αγορά
Markt

πολυκατάστημα
Koophuus

ιχθυοπωλείο
Fischhökerie

εμπορικό κέντρο
Inkoopszentrum

λιμάνι
Haven

πάρκο

Parkanlaag

παγκάκι

Bank

γέφυρα

Brüch

σκάλες

Trepp

μετρό

Ünnergrundbahn

τούνελ

Tunnel

στάση λεωφορείου

Busstoppsteed

μπαρ

Bar

εστιατόριο

Spieslokal

γραμματοκιβώτιο

Breefkassen

πινακίδα δρόμου

Stratenschild

παρκόμετρο

Parkklock

ζωολογικός κήπος

Deertenpark

πισίνα

Baadanstalt

τζαμί

Moschee

αγρόκτημα

Buernhoff

ρύπανση

Ümweltversmudden

νεκροταφείο

Karkhoff

εκκλησία

Kark

παιδική χαρά

Speelplatz

ναός

Tempel

τοπίο
Landschop

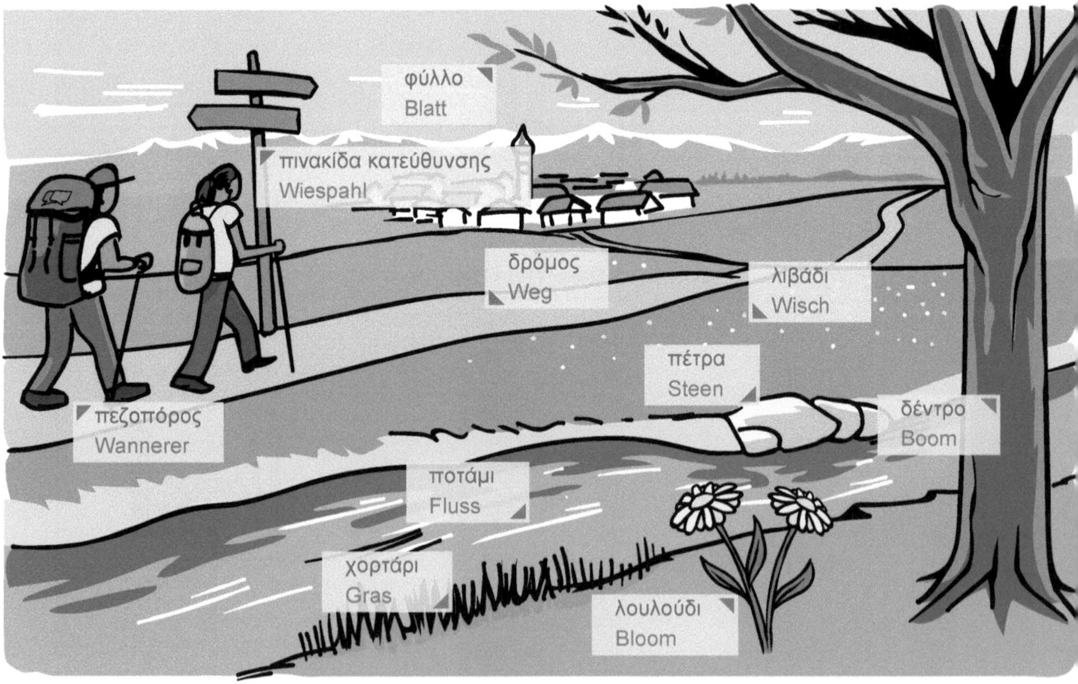

φύλλο
Blatt

πινακίδα κατεύθυνσης
Wiespahl

δρόμος
Weg

λιβάδι
Wisch

πέτρα
Steen

πεζοπόρος
Wannerer

δέντρο
Boom

ποτάμι
Fluss

χορτάρι
Gras

λουλούδι
Bloom

κοιλάδα

Daal

λόφος

Barg

λίμνη

See

δάσος

Holt

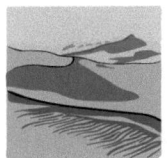

έρημος

Wööst

ηφαίστειο

Füerspien Barg

κάστρο

Slott

ουράνιο τόξο

Regenbagen

μανιτάρι

Poggenstohl

φοίνικας

Palm

κουνούπι

Steekmück

μύγα

Fleeg

μυρμήγκι

Miegeemk

μέλισσα

Imm

αράχνη

Spinn

σκαθάρι
Sebber

βάτραχος
Pogg

σκίουρος
Katteker

σκαντζόχοιρος
Swienegel

λαγός
Haas

κουκουβάγια
Uul

πουλί
Vagel

κύκνος
Swaan

αγριογούρουνο
Wildswien

ελάφι
Hirsch

άλκη
Elk

φράγμα
Staudamm

ανεμογεννήτρια
Windrad

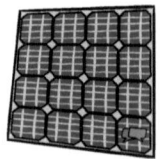

ηλιακός συλλέκτης
Solarmodul

κλίμα
Klima

τοπίο - Landschop

σερβιτόρος
Kellner

κατάλογος
Spieskoort

καρέκλα
Stohl

σούπα
Supp

πίτσα
Pizza

τραπεζομάντιλο
Dischdeek

μαχαιροπίρουνα
Bestick

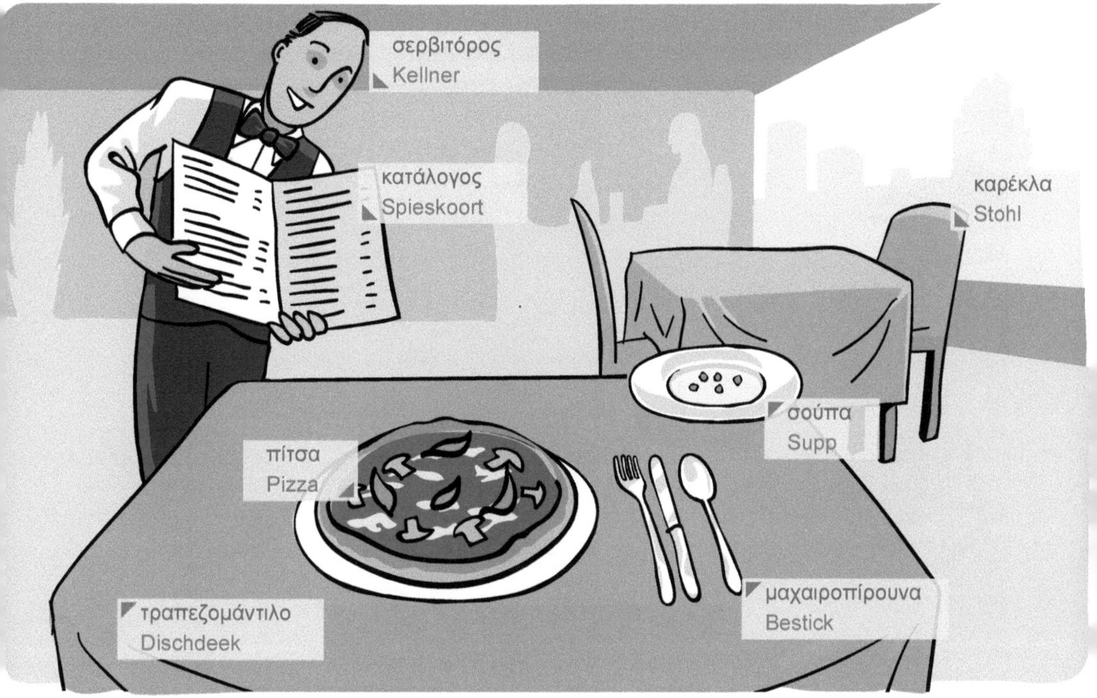

ορεκτικό
....
Vörspies

κύριο πιάτο
....
Haupteten

επιδόρπιο
....
Nadisch

ποτά
....
Drünk

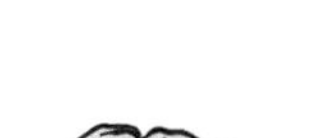

φαγητό
....
Eten

μπουκάλι
....
Buddel

φαστ φουντ

Fastfood

φαγητό στ' όρθιο

Strateneten

τσαγιέρα

Teekann

δοχείο ζάχαρης

Zuckerdoos

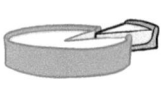

μερίδα

Portschoon

μηχανή εσπρέσο

Espressomaschien

ψηλή καρέκλα

Hoochstohl

λογαριασμός

Reken

δίσκος

Tablett

μαχαίρι

Mess

πιρούνι

Gavel

κουτάλι

Lepel

κουταλάκι του τσαγιού

Teelepel

πετσέτα φαγητού

Munddook

ποτήρι

Glas

πιάτο

Töller

πιάτο σούπας

Suppentöller

πιατάκι φλιτζανιού

Ünnertass

σάλτσα

Sooß

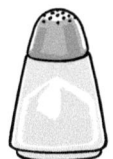

αλατιέρα

Soltstreuer

μύλος για πιπέρι

Pepermöhl

ξύδι

Etig

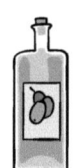

λάδι

Ööl

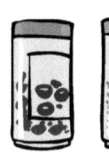

μπαχαρικά

Krüder

κέτσαπ

Ketchup

μουστάρδα

Mostrich

μαγιονέζα

Mayonnaise

σούπερ μάρκετ
Supermarkt

προσφορά
Anbott
FOR
πελάτης
Kunn
γαλακτοκομικά προϊόντα
Melkprodukten
φρούτα
Aaft
καρότσι για ψώνια
Inkoopswagen

BUTCHERS

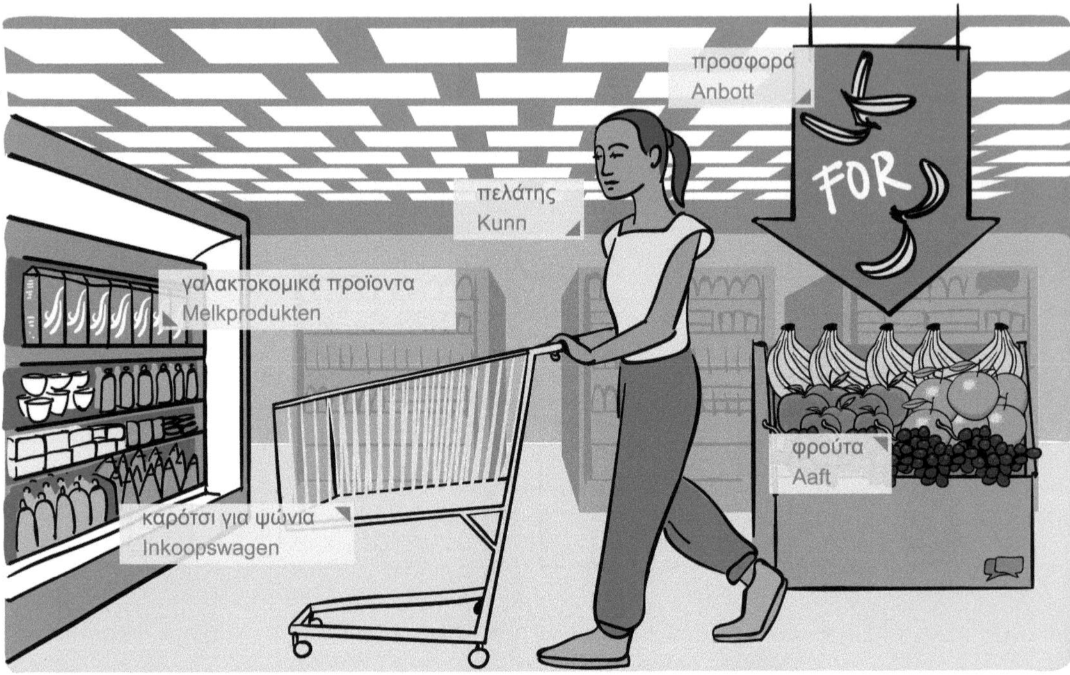

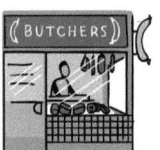

κρεοπωλείο

Slachterie

BAKERY

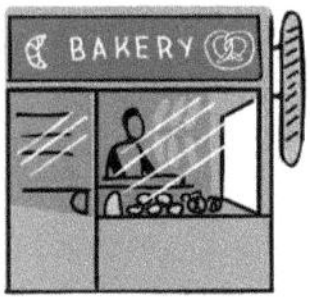

φούρνος

Bäckerie

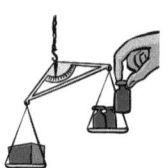

ζυγίζω

wegen

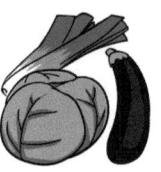

λαχανικά

Gröönsaken

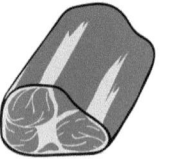

κρέας

Fleesch

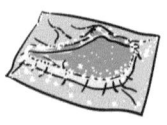

κατεψυγμένα τρόφιμα

Deepköhlkost

αλλαντικά

Opsnitt

κονσερβοποιημένη τροφή

Konserven

απορρυπαντικό ρούχων

Waschmiddel

γλυκά

Snoopkraam

οικιακά είδη

Huushooltssaken

καθαριστικά προϊόντα

Reinmaaktüüch

πωλήτρια

Verköpersche

ταμείο

Kass

ταμίας

Kasserer

λίστα για ψώνια

Inkoopslist

ωράριο λειτουργίας

Opsparrtieden

πορτοφόλι

Breeftasch

πιστωτική κάρτα

Kreditkoort

τσάντα

Tasch

πλαστική σακούλα

Plastiktüüt

νερό

Water

χυμός

Saft

γάλα

Melk

κόκα κόλα

Cola

κρασί

Wien

μπίρα

Beer

αλκοόλ

Spriet

κακάο

Kakao

τσάι

Tee

καφές

Koffie

εσπρέσο

Espresso

καπουτσίνο

Cappucino

μπανάνα

Banaan

μήλο

Appel

πορτοκάλι

Appelsien

πεπόνι

Meloon

λεμόνι

Zitroon

καρότο

Wöttel

σκόρδο

Knuuvlook

μπαμπού

Bambus

κρεμμύδι

Zibbel

μανιτάρι

Poggenstohl

ξηροί καρποί

Nööt

νουντλς

Nudeln

μακαρόνια

Spaghetti

ρύζι

Ries

σαλάτα

Salat

πατατάκια

Pommes frites

τηγανητές πατάτες

Braadkantüffeln

πίτσα

Pizza

χάμπουργκερ

Hamborger

σάντουιτς

Sandwich

κοτολέτα

Snitzel

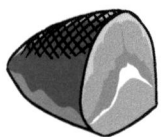

ζαμπόν

Schinken

σαλάμι

Salami

λουκάνικο

Wust

κοτόπουλο

Hohn

ψητό

Braden

ψάρι

Fisch

φαγητό - Eten

χυλός βρώμης

Haverflocken

μούσλι

Müsli

κορν φλέικς

Cornflakes

αλεύρι

Mehl

κρουασάν

Croissant

ψωμάκι

Rundstück

ψωμί

Broot

τοστ

Toast

μπισκότα

Keksen

βούτυρο

Botter

τυρόπηγμα

Quark

κέικ

Koken

αυγό

Ei

τηγανητό αυγό

Spegelei

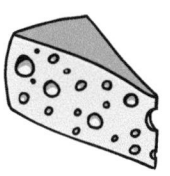

τυρί

Kees

παγωτό

Ies

ζάχαρη

Zucker

μέλι

Honnig

μαρμελάδα

Marmelaad

άλλειμμα σοκολάτας

Nougat-Creme

κάρυ

Curry

αγρόκτημα
Buernhoff

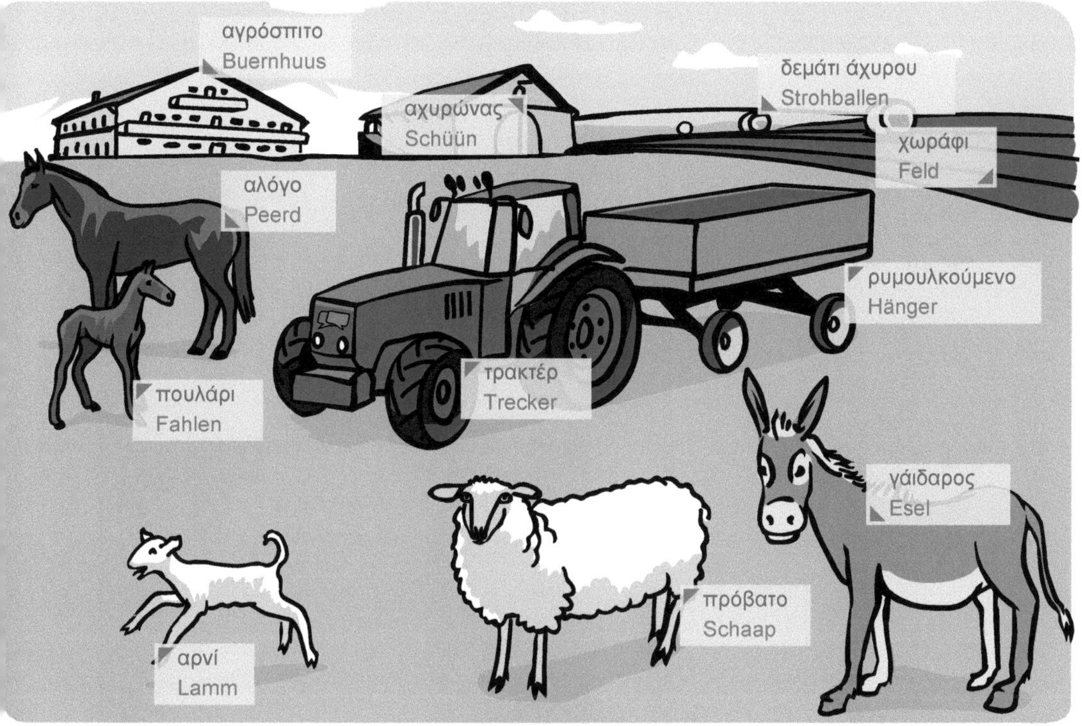
αγρόσπιτο
Buernhuus
αχυρώνας
Schüün
δεμάτι άχυρου
Strohballen
χωράφι
Feld
αλόγο
Peerd
ρυμουλκούμενο
Hänger
πουλάρι
Fahlen
τρακτέρ
Trecker
γάιδαρος
Esel
πρόβατο
Schaap
αρνί
Lamm

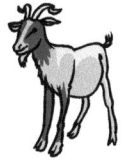

κατσίκα

Zeeg

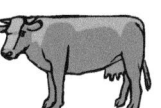

αγελάδα

Koh

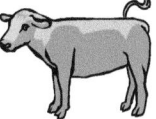

μοσχαράκι

Kalf

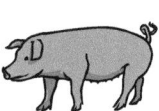

γουρούνι

Swien

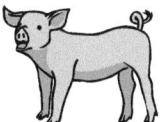

γουρουνάκι

Farken

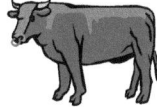

ταύρος

Bull

χήνα

Goos

πάππια

Aant

κοτοπουλάκι

Küken

κότα

Hohn

κόκορας

Hahn

αρουραίος

Rott

γάτα

Katt

ποντίκι

Muus

βόδι

Oss

σκύλος

Hund

σπιτάκι σκύλου

Hunnenhütt

λάστιχο κήπου

Goornslauch

ποτιστήρι

Geetkann

θεριστήρι

Lee

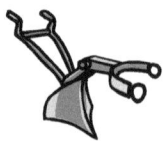

αλέτρι

Ploog

δρεπάνι

Sich

τσάπα

Hack

δίκρανο

Mestfork

τσεκούρι

Ext

χειράμαξα

Schuufkoor

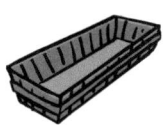

ταΐστρα

Trog

δοχείο γάλακτος

Melkkann

σάκος

Sack

φράχτης

Tuun

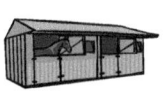

στάβλος

Stall

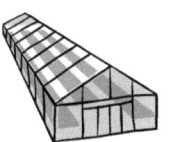

θερμοκήπιο

Drievhuus

έδαφος

Bodden

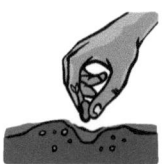

σπόρος

Saat

λίπασμα

Dünger

θεριζοαλωνιστική μηχανή

Meihdöscher

θερίζω

oornen

συγκομιδή

Oorn

γιαμς

Yamswöttel

σιτάρι

Weten

σόγια

Soja

πατάτα

Kantüffel

καλαμπόκι

Törksche Weten

κράμβη

Rapp

οπωροφόρο δέντρο

Aaftboom

μανιόκα

Troopsch Kantüffel

δημητριακά

Koorn

σπίτι
Huus

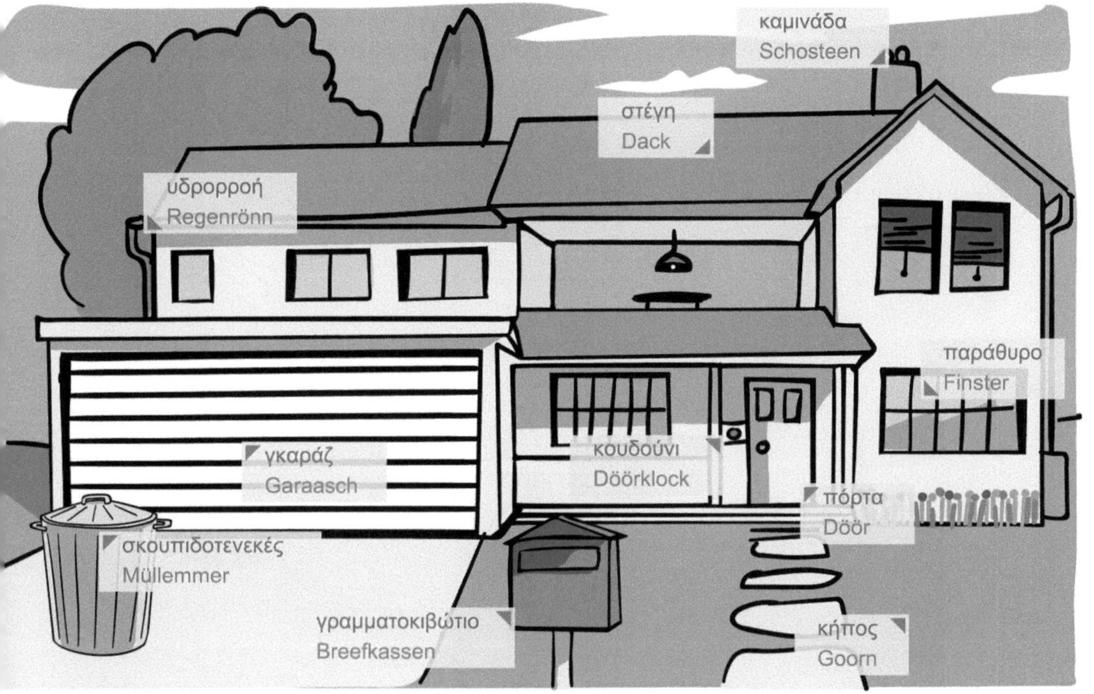
καμινάδα
Schosteen
στέγη
Dack
υδρορροή
Regenrönn
παράθυρο
Finster
γκαράζ
Garaasch
κουδούνι
Döörklock
πόρτα
Döör
σκουπιδοτενεκές
Müllemmer
γραμματοκιβώτιο
Breefkassen
κήπος
Goorn

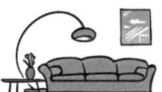

σαλόνι

Wahnstuuv

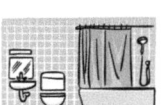

μπάνιο

Baadstuuv

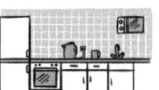

κουζίνα

Köök

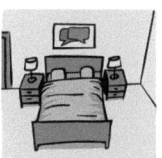

υπνοδωμάτιο

Slaapstuuv

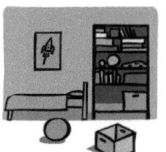

παιδικό δωμάτιο

Kinnerstuuv

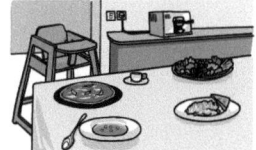

τραπεζαρία

Eetstuuv

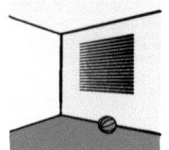

πάτωμα

Footbodden

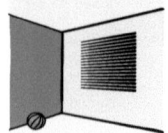

τοίχος

Wand

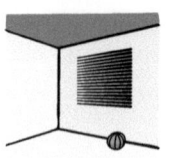

οροφή

Deek

κελάρι

Keller

σάουνα

Hittluftbad

μπαλκόνι

Balkon

βεράντα

Terrass

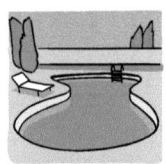

πισίνα

Swümmbad

μηχανή του γκαζόν

Rasenmeiher

σεντόνι

Bettbetog

κάλυμμα κρεβατιού

Bettdeek

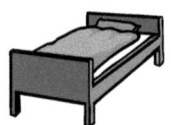

κρεβάτι

Puuch

σκούπα

Bessen

κουβάς

Emmer

διακόπτης

Schalter

σαλόνι

Wahnstuuv

ταπετσαρία
Tapeet
φωτογραφία
Bild
λάμπα
Lamp
ράφι
Regal
ντουλάπι
Schapp
τηλεόραση
Kiekkassen
τζάκι
Kamin
λουλούδι
Bloom
μαξιλάρι
Küssen
καναπές
Sofa
βάζο
Vaas
τηλεκοντρόλ
Feernbedenen

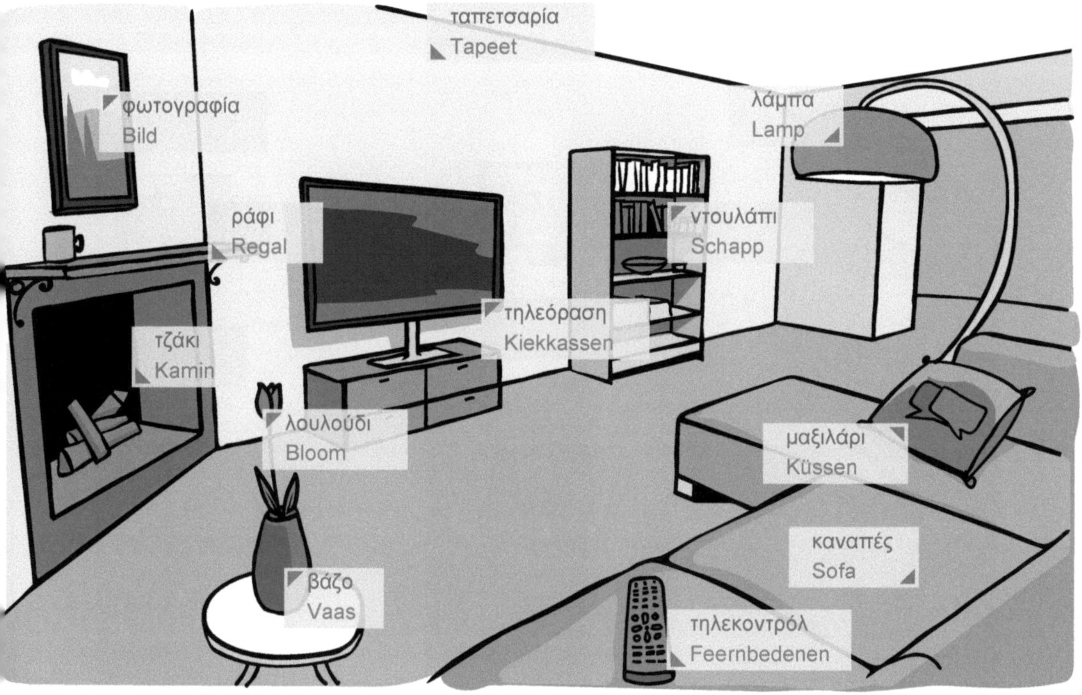

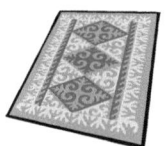

χαλί

Teppich

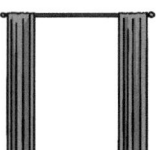

κουρτίνα

Vörhang

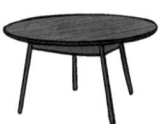

τραπέζι

Disch

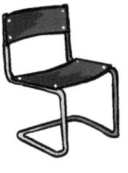

καρέκλα

Stohl

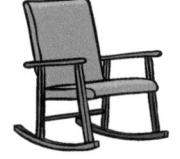

κουνιστή πολυθρόνα

Schuckelstohl

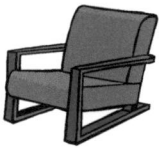

πολυθρόνα

Sessel

βιβλίο

Book

κουβέρτα

Deek

διακόσμηση

Dekoratschoon

καυσόξυλα

Füerholt

ταινία

Film

στερεοφωνικό σύστημα

Stereoanlaag

κλειδί

Slötel

εφημερίδα

Narichtenblatt

πίνακας ζωγραφικής

Gemälde

αφίσα

Poster

ραδιόφωνο

Radio

σημειωματάριο

Opschrievblock

ηλεκτρική σκούπα

Huulbessen

κάκτος

Kaktus

κερί

Kars

κουζίνα
Köök

ψυγείο
Köhlschapp
φούρνος μικροκυμάτων
Mikrowell
ζυγαριά κουζίνας
Kökenwaag
τοστιέρα
Toaster
απορρυπαντικό
Reinmaakmiddel
φούρνος
Backaven
κατάψυξη
Gefreerfack
σκουπιδοτενεκές
Müllemmer
πλυντήριο πιάτων
Opwaschmaschien

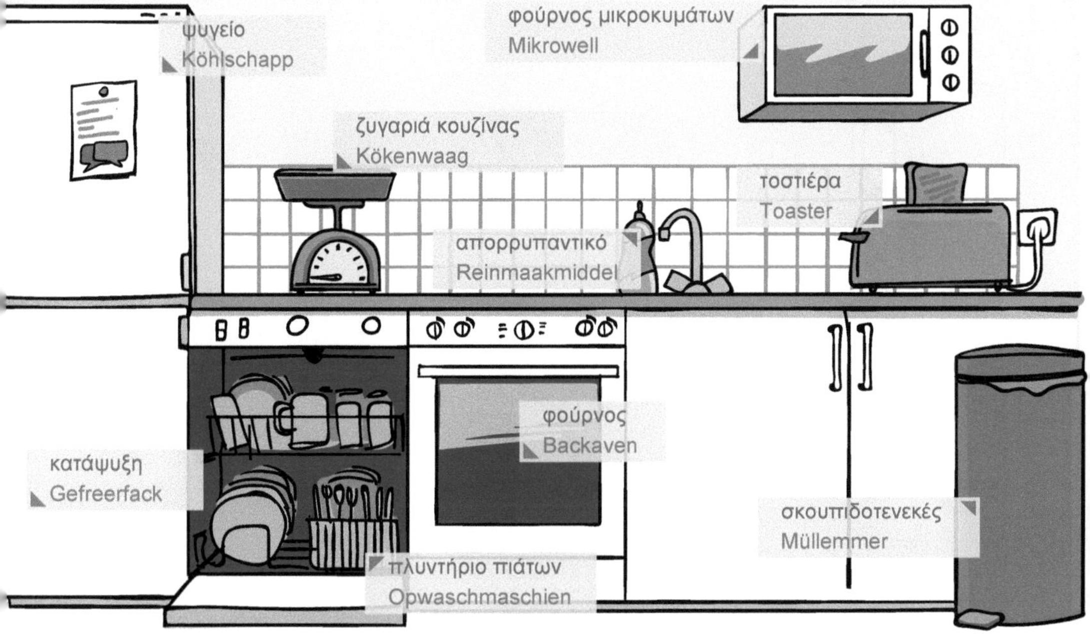

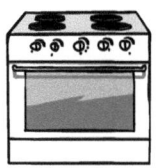

κουζίνα

Heerd

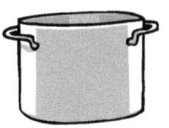

κατσαρόλα

Pott

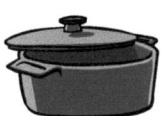

μαντεμένια κατσαρόλα

Gussiesern Putt

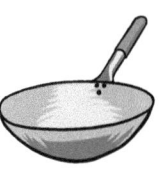

γουόκ/καντάι

Wok / Kadai

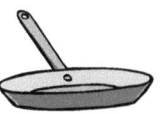

τηγάνι

Pann

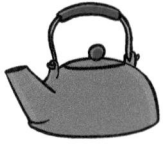

βραστήρας

Waterkaker

ατμομάγειρας

Dampkaakputt

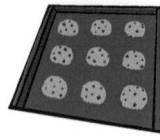

ταψί

Backblick

πιατικά

Geschirr

κούπα

Beker

μπολ

Schaal

ξυλάκια

Eetsticken

κουτάλα

Suppenkell

σπάτουλα

Pannenwenner

ανακατεύω

Sneebessen

σουρωτήρι

Kaakseef

σουρωτηράκι

Seef

τρίφτης

Riev

γουδί

Mörser

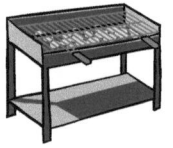

ψησταριά

Grill

ανοιχτή φωτιά

Füerstell

σανίδα κοπής

Sniedbrett

πλάστης

Nudelholt

ανοιχτήρι φελλών

Proppentrecker

κονσέρβα

Doos

ανοιχτήρι κονσέρβας

Dosenaapner

γάντι φούρνου

Pottlappen

νεροχύτης

Waschbecken

βούρτσα

Böst

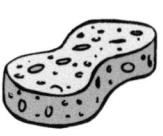

σφουγγάρι

Swamm

μπλέντερ

Mixer

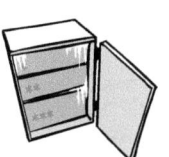

καταψύκτης

Iesschapp

μπιμπερό

Nuckelbuddel

βρύση

Waterhahn

μπάνιο
Baadstuuv

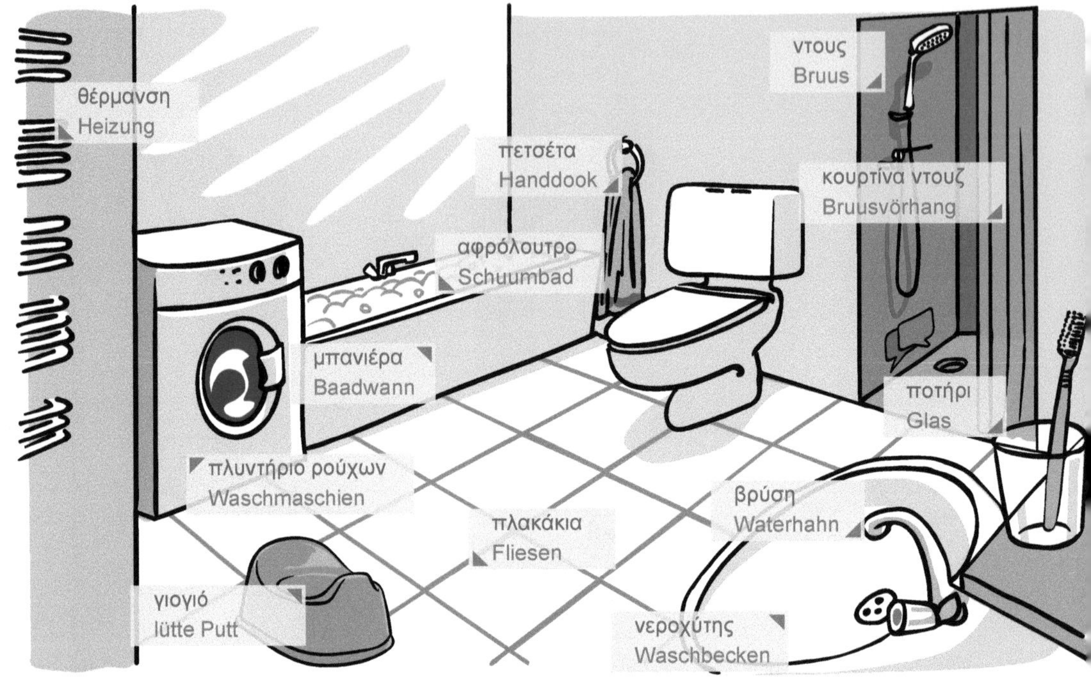
θέρμανση
Heizung
ντους
Bruus
πετσέτα
Handdook
κουρτίνα ντουζ
Bruusvörhang
αφρόλουτρο
Schuumbad
μπανιέρα
Baadwann
ποτήρι
Glas
πλυντήριο ρούχων
Waschmaschien
βρύση
Waterhahn
πλακάκια
Fliesen
γιογιό
lütte Putt
νεροχύτης
Waschbecken

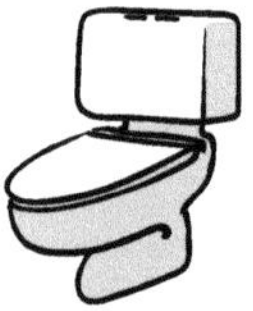

τουαλέτα
....
Tante Meier

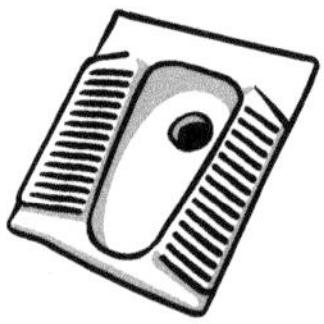

τούρκικη τουαλέτα
....
Hockklo

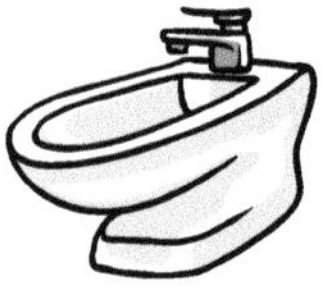

μπιντές
....
Bidet

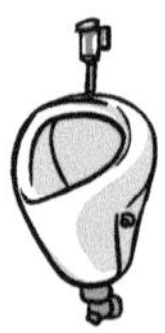

ουρητήριο
....
Miegbecken

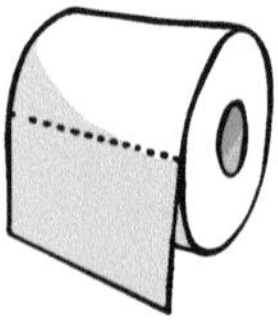

χαρτί υγείας
....
Klopapeer

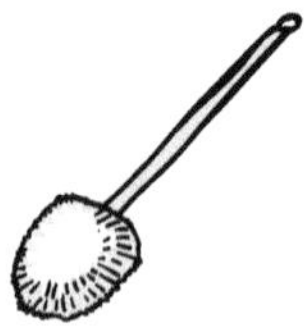

πιγκάλ
....
Kloböst

οδοντόβουρτσα

Tähnböst

οδοντόκρεμα

Tähnpast

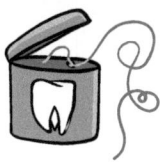

οδοντικό νήμα

Tähnsied

πλένω

waschen

τηλέφωνο ντους

Handbruus

ντουσιέρα

Intimbruus

λεκάνη

Waschschöttel

βούρτσα πλάτης

Rüchböst

σαπούνι

Seep

αφρόλουτρο

Bruusgeel

σαμπουάν

Hoorwaschmiddel

φανέλα

Waschlappen

σιφόνι

Afloop

κρέμα

Creme

αποσμητικό

Deodorant

καθρέφτης

Spegel

καθρέφτης χειρός

Kosmetikspegel

ξυραφάκι

Raserer

αφρός ξυρίσματος

Raseerschuum

αφτερσέιβ

Raseerwater

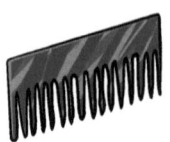

χτένα

Kamm

βούρτσα

Böst

σεσουάρ

Hoordröger

λακ

Hoorspray

μακιγιάζ

Smink

κραγιόν

Lippensticken

βερνίκι νυχιών

Nagellack

βαμβάκι

Watt

ψαλίδι νυχιών

Nagelscheer

άρωμα

Rüükwater

νεσεσέρ

Kulturbüdel

σκαμπό

Schemel

ζυγαριά

Waag

μπουρνούζι

Baadmantel

ελαστικά γάντια

Gummihanschen

ταμπόν

Tampon

πετσέτα υγιεινής

Damenbinn

χημική τουαλέτα

Chemieklo

παιδικό δωμάτιο

Kinnerstuuv

ξυπνητήρι
Wecker
λούτρινο ζωάκι
Knudeldeert
αυτοκινητάκι
Speeltüüchauto
κουδουνίστρα
Klöter
κουκλόσπιτο
Poppenhuus
δώρο
Geschenk

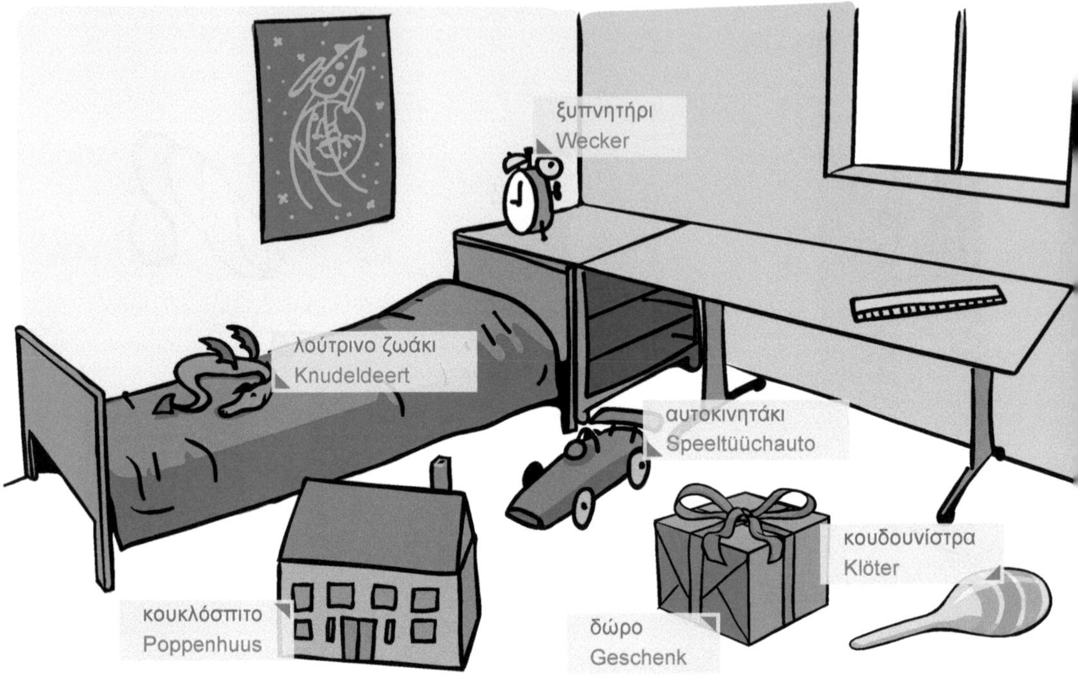

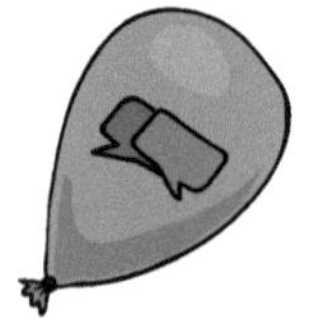

μπαλόνι

Luftballon

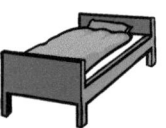

κρεβάτι

Puuch

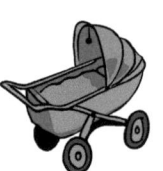

καροτσάκι

Kinnerwagen

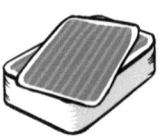

τράπουλα

Koortenspeel

παζλ

Puzzle

SUPER
MEGA

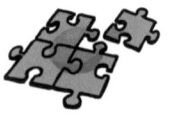

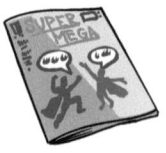

κόμικς

Billergeschicht

τουβλάκια lego

Legostenen

τουβλάκια κατασκευών

Bustenen

φιγούρα δράσης

Action-Figur

βρεφικό φορμάκι

Strampelantog

φρίσμπι

Frisbeeschiev

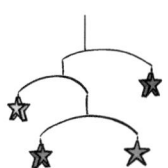

μόμπιλο

Mobile

επιτραπέζιο παιχνίδι

Brettspeel

ζάρια

Wörpel

σετ τρενάκι

Modelliesenbahn

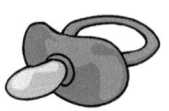

πιπίλα

Snuller

πάρτι

Party

εικονογραφημένο βιβλίο

Billerbook

μπάλα

Ball

κούκλα

Popp

παίζω

spelen

σκάμμα με άμμο

Sandkassen

κούνια

Schuckel

παιχνίδια

Speeltüüch

κονσόλα βιντεοπαιχνιδιών

Speelkonsool

τρίκυκλο

Dreerad

αρκουδάκι

Teddyboor

ντουλάπα

Klederschapp

ρούχα
Tüüch

κάλτσες

Socken

καλτσοδέτες

Strümp

καλσόν

Strumpbüx

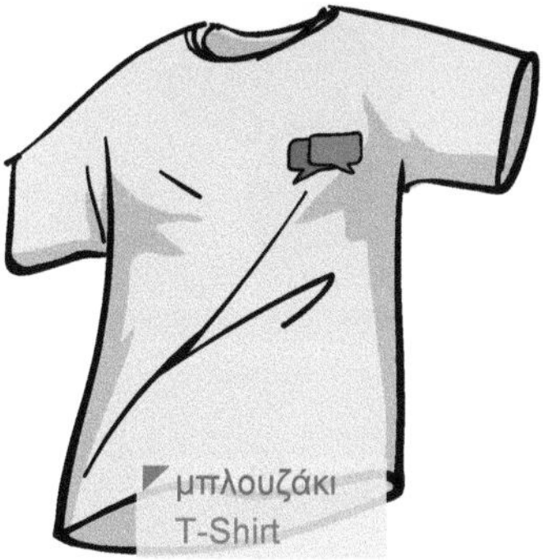

κασκόλ
Halsdook

ζώνη
Liefreem

ομπρέλα
Paraplü

μπλουζάκι
T-Shirt

μπότες
Stevel

παντόφλες
Puuschen

αθλητικά παπούτσια
Turnschoh

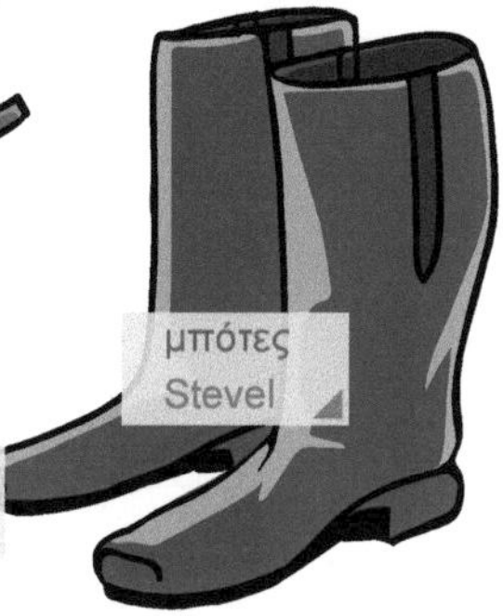

σανδάλια
Sandalen

παπούτσια
Schoh

γαλότσες
Gummistevel

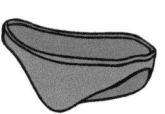

εσώρουχο
Ünnerbüx

σουτιέν
Bostholler

φανέλα
Ünnerhemd

σώμα
Lief

παντελόνι
Büx

τζιν παντελόνι
Jeansnüx

φούστα
Rock

μπλούζα
Bluus

πουκάμισο
Hemd

πουλόβερ
Pullover

πουλόβερ
Kapuzenpullover

σακάκι
Blazer

μπουφάν
Jack

παλτό
Mantel

αδιάβροχο πανωφόρι
Övertrecker

κοστούμι
Kostüm

φόρεμα
Kleed

νυφικό
Hochtietskleed

κοστούμι

Antog

νυχτικό

Nachtkleed

πιτζάμες

Slaapantog

σάρι

Sari

μαντήλι

Koppdook

τουρμπάνι

Turban

μπούρκα

Burka

καφτάνι

Kaftan

μουσουλμανικό ένδυμα

Abaya

ολόσωμο μαγιό

Baadantog

ανδρικό μαγιό

Baadbüx

σορτς

Korte Büx

αθλητική φόρμα

Antog to'n Öven

ποδιά

Schört

γάντια

Handschoh

κουμπί

Knopp

γυαλιά

Brill

βραχιόλι

Armband

περιδέραιο

Halskeed

δαχτυλίδι

Ring

σκουλαρίκι

Ohrbummel

καπέλο

Mütz

κρεμάστρα

Klederbögel

καπέλο

Hoot

γραβάτα

Binner

φερμουάρ

Rietslüter

κράνος

Helm

τιράντες

Drachtband

μαθητική στολή

Schooluniform

στολή

Uniform

σαλιάρα

Severböten

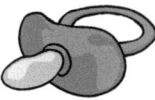

πιπίλα

Snuller

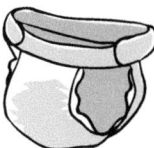

πάνα

Winnel

γραφείο
Büro

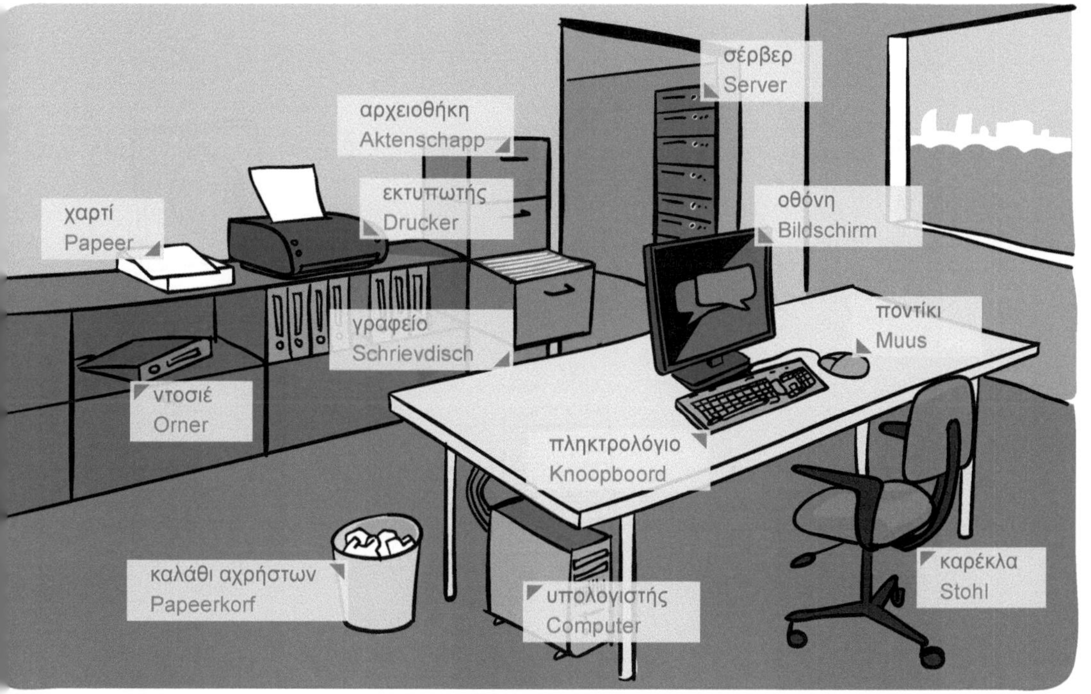

σέρβερ
Server

αρχειοθήκη
Aktenschapp

εκτυπωτής
Drucker

οθόνη
Bildschirm

χαρτί
Papeer

γραφείο
Schrievdisch

ποντίκι
Muus

ντοσιέ
Orner

πληκτρολόγιο
Knoopboord

καλάθι αχρήστων
Papeerkorf

υπολογιστής
Computer

καρέκλα
Stohl

κούπα του καφέ

Koffiebeker

κομπιουτεράκι

Taschenreekner

ίντερνετ

Internet

λάπτοπ

Klappreekner

γράμμα

Breef

μήνυμα

Naricht

κινητό

Ackersnacker

δίκτυο

Nettwark

φωτοτυπικό μηχάνημα

Kopeerapparat

λογισμικό

Software

τηλέφωνο

Klöönkassen

πρίζα

Steekdoos

συσκευή φαξ

Faxapparat

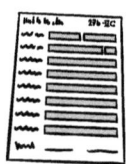

έντυπο

Formulor

έγγραφο

Dokument

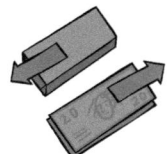

αγοράζω

köpen

πληρώνω

betahlen

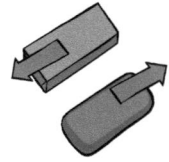

συναλλάσσομαι

hanneln

χρήματα

Geld

δολάριο

Dollar

ευρώ

Euro

γιεν

Yen

ρούβλι

Ruvel

ελβετικό φράγκο

Swiezer Franken

ρενμίνμπι γιουάν

Renminbi Yuan

ρουπία

Rupie

ΑΤΜ (αυτόματη ταμειακή μηχανή)

Geldautomat

ανταλλακτήρια
συναλλάγματος

Wesselstuuv

χρυσός

Gold

ασήμι

Sülver

πετρέλαιο

Ööl

ενέργεια

Energie

τιμή

Pries

συμβόλαιο

Verdrag

φόρος

Stüer

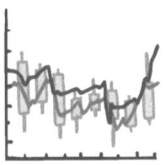

μετοχή

Andeelschien

δουλεύω

arbeiden

υπάλληλος

Anstellte

εργοδότης

Arbeitgever

εργοστάσιο

Fabrik

κατάστημα

Hökerie

επαγγέλματα
Profeschonen

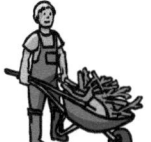

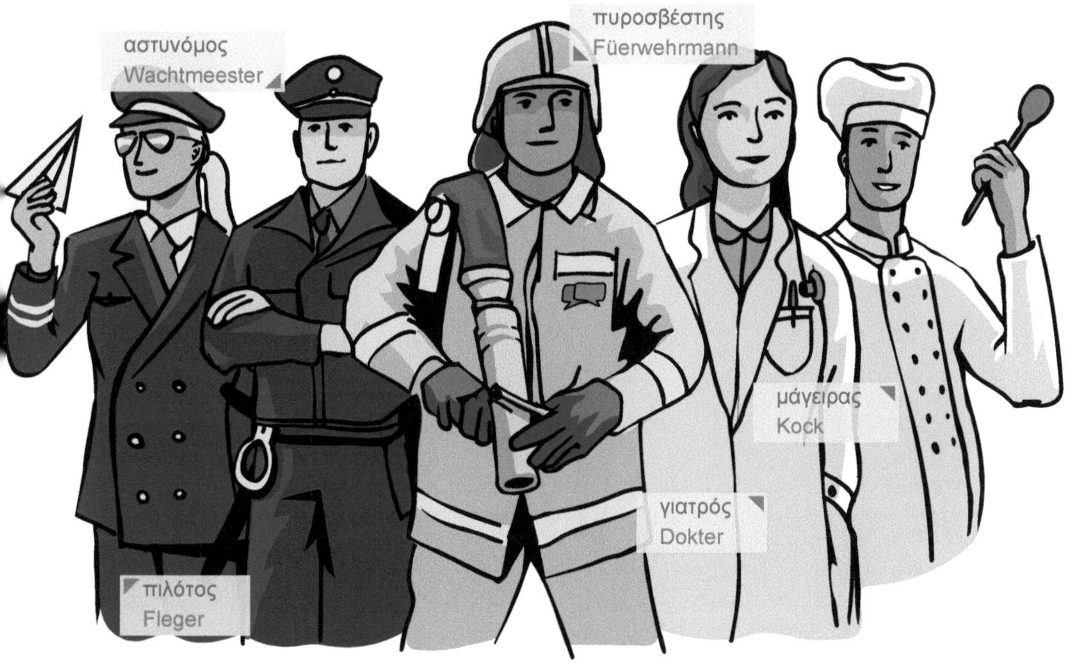
αστυνόμος
Wachtmeester
πυροσβέστης
Füerwehrmann
μάγειρας
Kock
γιατρός
Dokter
πιλότος
Fleger

κηπουρός

Goorner

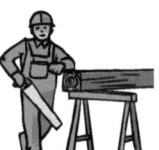

ξυλουργός

Discher

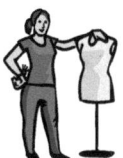

μοδίστρα

Neihersche

δικαστής

Richter

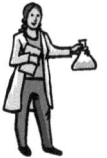

χημικός

Chemiker

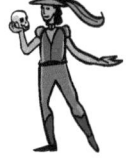

ηθοποιός

Schauspeler

οδηγός λεωφορείου

Busfohrer

ταξιτζής

Taxifohrer

ψαράς

Fischer

καθαρίστρια

Reinmaakfru

τεχνίτης στεγών

Dackdecker

σερβιτόρος

Kellner

κυνηγός

Jäger

ζωγράφος

Maler

αρτοποιός

Bäcker

ηλεκτρολόγος

Elektriker

οικοδόμος

Buarbeider

μηχανολόγος

Ingenieur

κρεοπώλης

Slachter

υδραυλικός

Klempner

ταχυδρόμος

Postbüdel

στρατιώτης

Suldat

αρχιτέκτονας

Architekt

ταμίας

Kasserer

ανθοπώλης

Florist

κομμωτής

Putzbüdel

ελεγκτής εισιτηρίων

Schaffner

μηχανικός

Mechaniker

καπετάνιος

Kaptein

οδοντίατρος

Tähndokter

επιστήμονας

Wetenschopler

ραβίνος

Rabbi

ιμάμης

Imam

μοναχός

Mönk

ιερέας

Paap

εργαλεία
Warktüüch

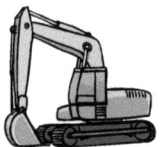

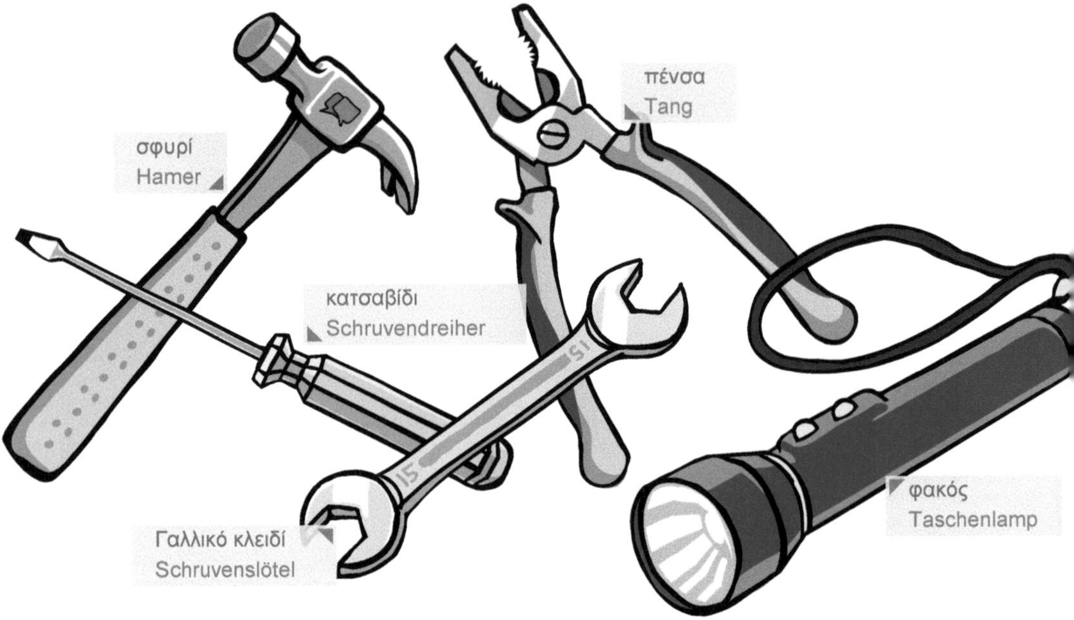

πένσα
Tang
σφυρί
Hamer
κατσαβίδι
Schruvendreiher
φακός
Taschenlamp
Γαλλικό κλειδί
Schruvenslötel

εκσκαφέας

Grieper

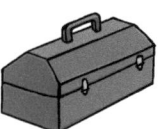

εργαλειοθήκη

Warktüüchkassen

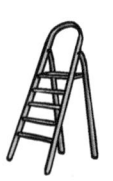

σκάλα

Ledder

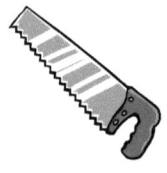

πριόνι

Saag

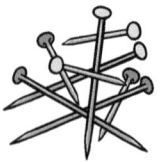

καρφιά

Nagels

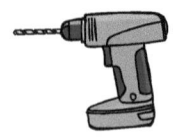

τρυπάνι

Bohrer

επισκευάζω

heelmaken

φτυάρι

Schüffel

Να πάρει!

Schiet!

φαράσι

Kehrblick

δοχείο χρωμάτων

Farvpott

βίδες

Schruven

μουσικά όργανα
Musikinstrumenten

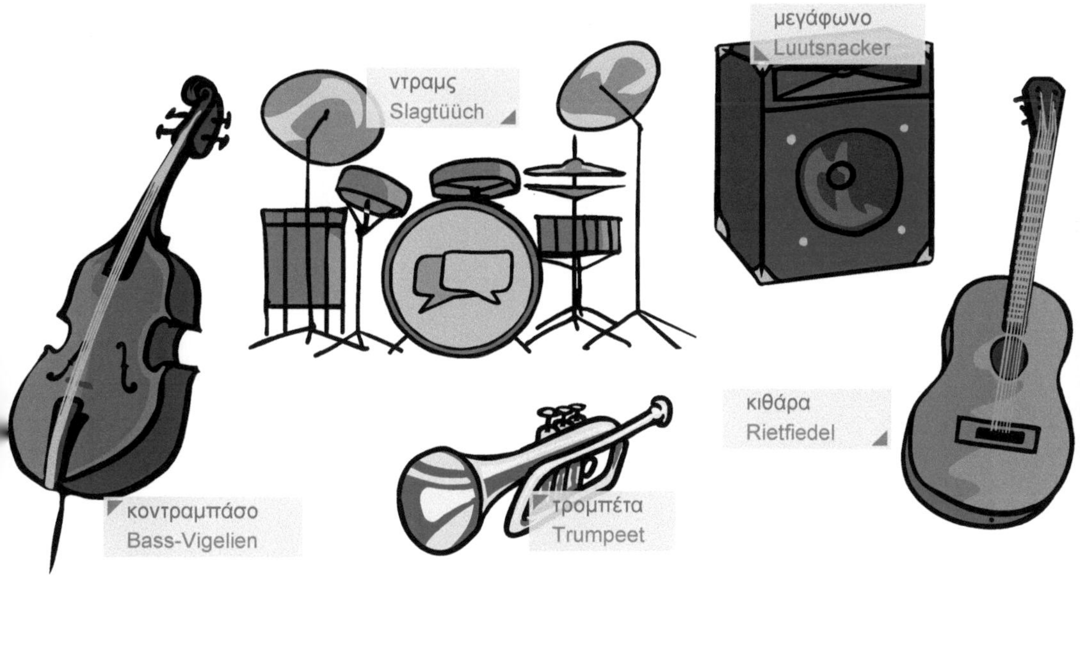

ντραμς
Slagtüüch

μεγάφωνο
Luutsnacker

κιθάρα
Rietfiedel

κοντραμπάσο
Bass-Vigelien

τρομπέτα
Trumpeet

πιάνο
Klaveer

βιολί
Vigelien

μπάσο
Bass

τύμπανα
Pauk

τύμπανο
Trummeln

πλήκτρα
Keyboard

σαξόφωνο
Saxophon

φλάουτο
Fleut

μικρόφωνο
Mikrofoon

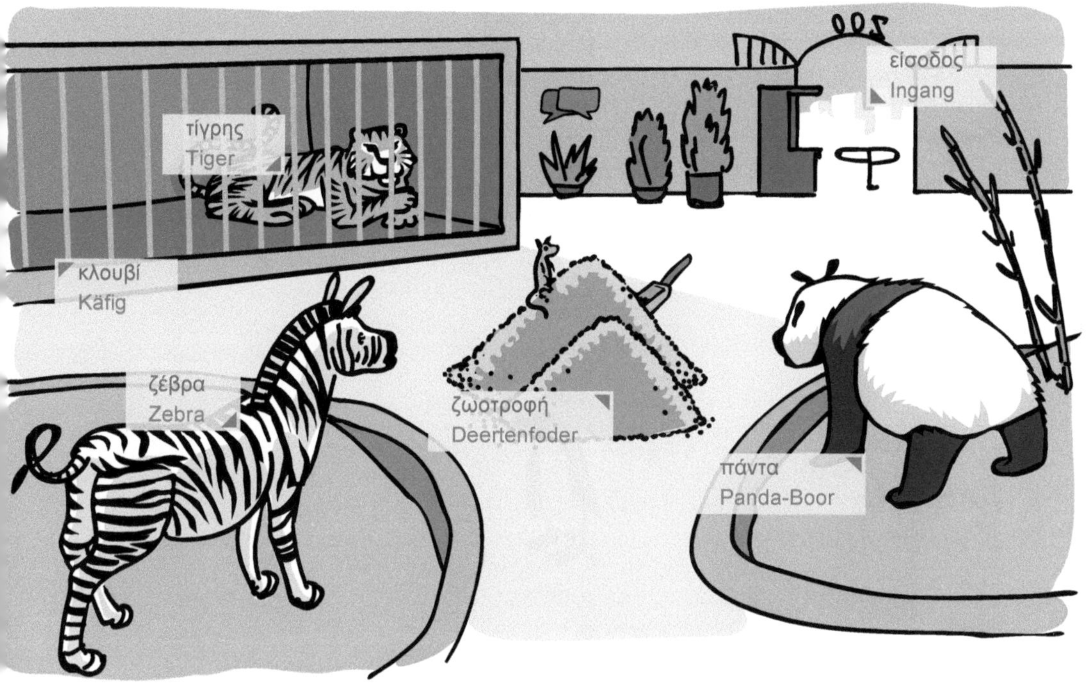

είσοδος
Ingang

τίγρης
Tiger

κλουβί
Käfig

ζέβρα
Zebra

ζωοτροφή
Deertenfoder

πάντα
Panda-Boor

ζώα

Deerten

ελέφαντας

Elefant

καγκουρό

Känguru

ρινόκερος

Neeshoorn

γορίλας

Gorilla

αρκούδα

Boor

κάμηλα

Kameel

στρουθοκάμηλος

Struuß

λιοντάρι

Lööv

πίθηκος

Aap

φλαμίνγκο

Flamingo

παπαγάλος

Papagoi

πολική αρκούδα

Iesboor

πιγκουίνος

Pinguin

καρχαρίας

Haifisch

παγώνι

Pageluun

φίδι

Slang

κροκόδειλος

Krokodil

φύλακας ζωολογικού κήπου

Oppasser in'n Deertenpark

φώκια

Saalhund

τζάγκουαρ

Jaguor

πόνυ

Pony

λεοπάρδαλη

Leopard

ιπποπόταμος

Nilpeerd

καμηλοπάρδαλη

Giraff

αετός

Aadler

αγριογούρουνο

Wildswien

ψάρι

Fisch

χελώνα

Schildkrööt

θαλάσσιος ίππος

Walross

αλεπού

Voss

γαζέλα

Gazell

Αμερικάνικο ποδόσφαιρο
Amerikaansch Football

ποδηλασία
Radfohren

αντισφαίριση
Tennis

μπάσκετ
Korfball

κολύμβηση
Swümmen

πυγχαμία
Boxen

χόκεϋ επί πάγου
Ieshockey

ποδόσφαιρο
Football

μπάντμιντον
Fedderball

στίβος
Leichtathletik

χάντμπολ
Handball

σκι
Skilopen

πόλο
Polo

δραστηριότητες
Aktivitäten

γελάω
lachen
πηδάω
springen
αγκαλιάζω
ümarmen
περπατάω
gahn
τραγουδάω
singen
ονειρεύομαι
drömen
προσεύχομαι
beden
φιλάω
snuteln

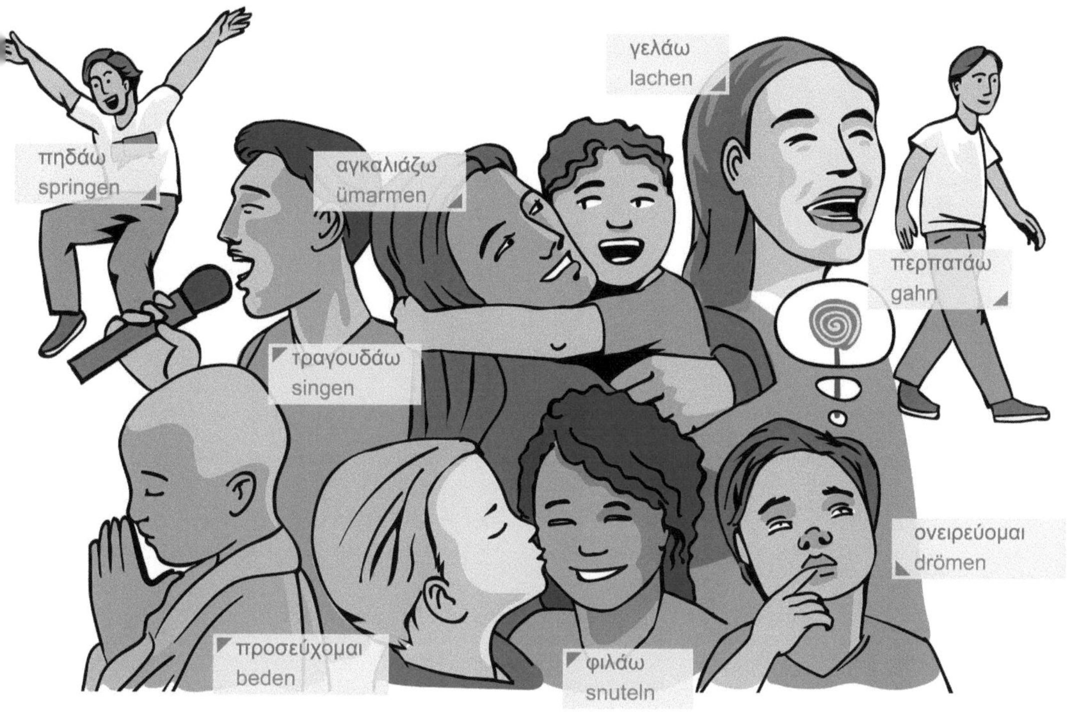

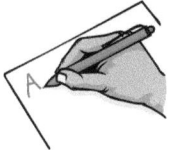

γράφω

schrieven

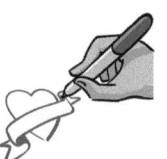

σχεδιάζω

teken

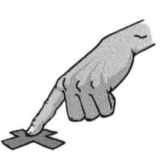

δείχνω

wiesen

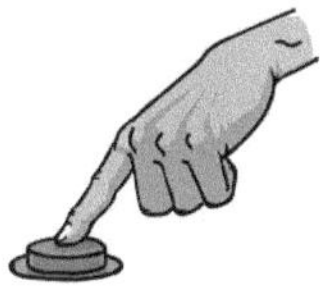

πιέζω

drücken

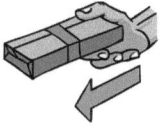

δίνω

geven

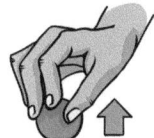

παίρνω

nehmen

έχω

hebben

κάνω

doon

είμαι

sien

στέκομαι

stahn

τρέχω

lopen

τραβάω

trecken

ρίχνω

smieten

πέφτω

fallen

ξαπλώνω

liggen

περιμένω

töven

κουβαλώ

dregen

κάθομαι

sitten

φοράω

antrecken

κοιμάμαι

slapen

ξυπνάω

opwaken

κοιτάω

ankieken

κλαίω

wenen

χαϊδεύω

eien

χτενίζω

kämmen

μιλάω

snacken

καταλαβαίνω

verstahn

ρωτάω

fragen

ακούω

hören

πίνω

drinken

τρώω

eten

συγυρίζω

oprümen

αγαπάω

leefhebben

μαγειρεύω

kaken

οδηγώ

fohren

πετάω

flegen

κάνω ιστιοπλοΐα

segeln

υπολογίζω

reken

διαβάζω

lesen

μαθαίνω

lehren

δουλεύω

arbeiden

παντρεύομαι

de Plünnen tohoopsmieten

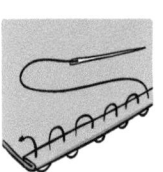

ράβω

neihen

βουρτσίζω τα δόντια

Tähnen putzen

σκοτώνω

dootmaken

καπνίζω

smöken

στέλνω

schicken

οικογένεια
Familje

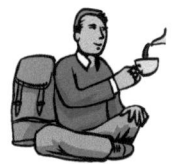

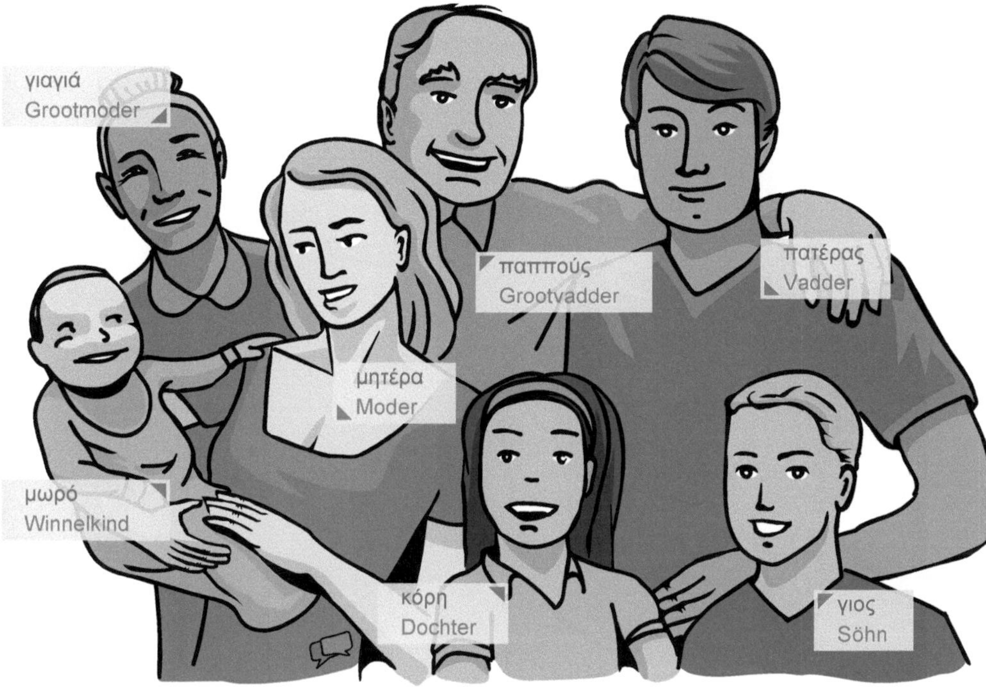
γιαγιά
Grootmoder
παππούς
Grootvadder
πατέρας
Vadder
μητέρα
Moder
μωρό
Winnelkind
κόρη
Dochter
γιος
Söhn

καλεσμένος

Gast

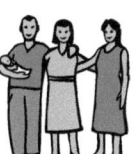

θεία

Tant

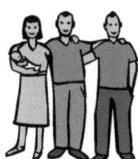

θείος

Unkel

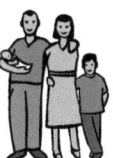

αδελφός

Broder

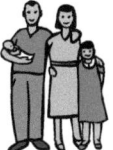

αδελφή

Süster

σώμα

Lief

μέτωπο
Vörkopp
μάτι
Oog
ώμος
Schuller
δάχτυλο
Finger
πρόσωπο
Gesicht
πιγούνι
Kinn
χέρι
Hand
πόδι
Been
στήθος
Bost
βραχίονας
Arm

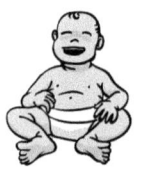

μωρό

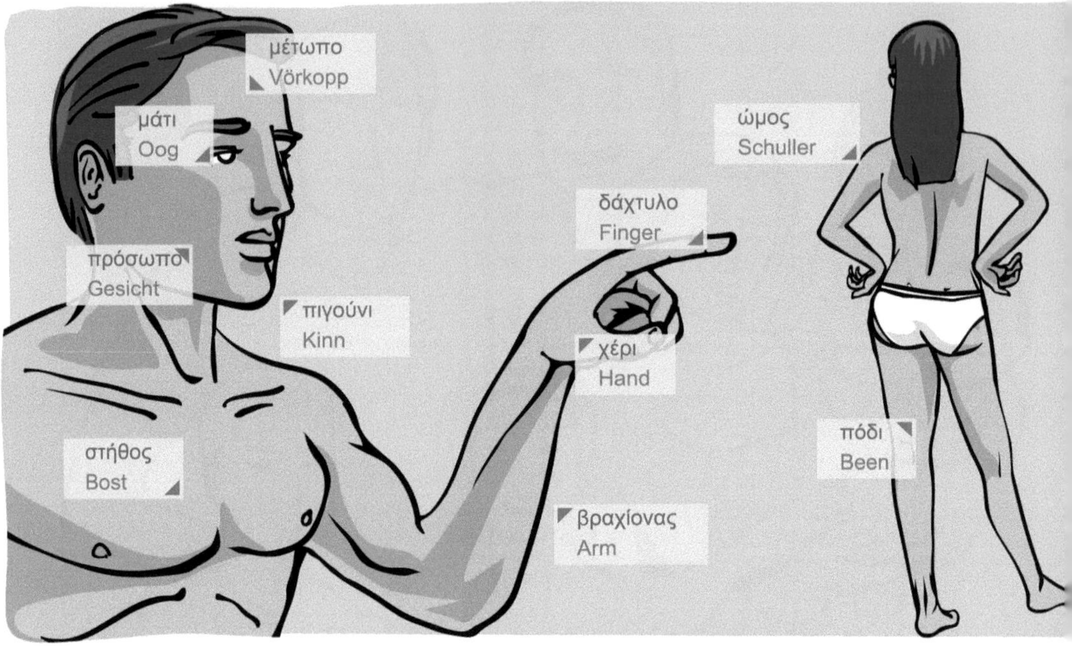

Winnelkind

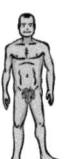

άνδρας

Mann

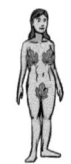

γυναίκα

Fro

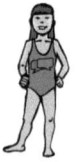

κορίτσι

Deern

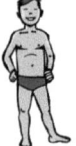

αγόρι

Jung

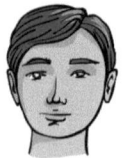

κεφάλι

Arm

πλάτη

Rüch

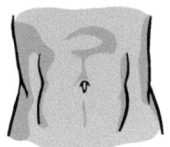

κοιλιά

Buuk

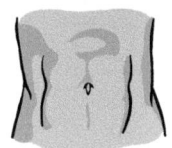

αφαλός

Navel

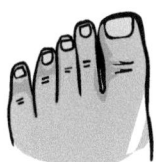

δάχτυλο ποδιού

Teh

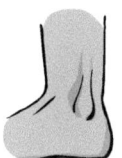

φτέρνα

Hack

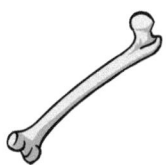

κόκκαλο

Knaken

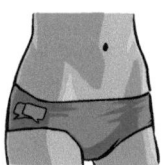

γοφός

Hüft

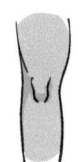

γόνατο

Knee

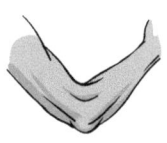

αγκώνας

Ellbagen

μύτη

Nees

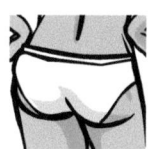

γλουτός

Achtersen

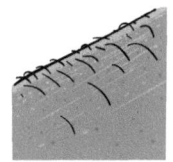

δέρμα

Huut

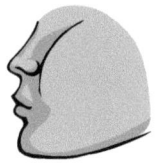

μάγουλο

Back

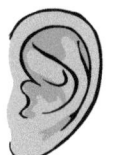

αυτί

Ohr

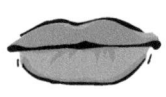

χείλος

Lipp

στόμα

Mund

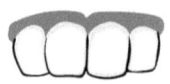

δόντι

Tähn

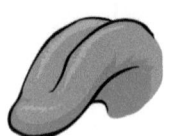

γλώσσα

Tung

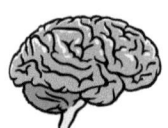

εγκέφαλος

Bregen

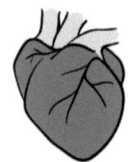

καρδιά

Hart

μυς

Muskel

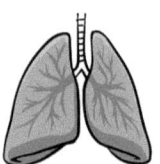

πνεύμονας

Lung

συκώτι

Lever

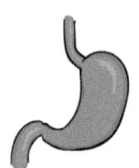

στομάχι

Maag

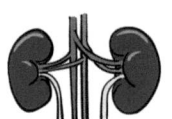

νεφρά

Neren

σεξουαλική επαφή

Bislaap

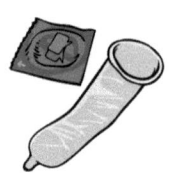

προφυλακτικό

Kondoom

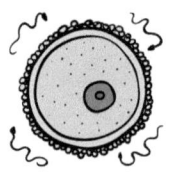

ωάριο

Eizell

σπέρμα

Sperma

εγκυμοσύνη

Anner Ümstänn

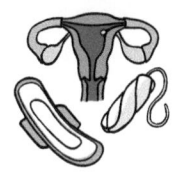

περίοδος
Menstruatschoon

γυναικείος κόλπος
Scheed

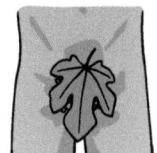

πέος
Pint

φρύδι
Ogenbroe

μαλλιά
Hoor

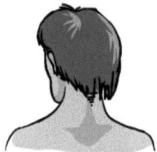

λαιμός
Hals

νοσοκομείο
Krankenhuus

νοσοκομείο
Krankenhuus

ασθενοφόρο
Krankenwagen

αναπηρικό καροτσάκι
Rullstohl

κάταγμα
Bruch

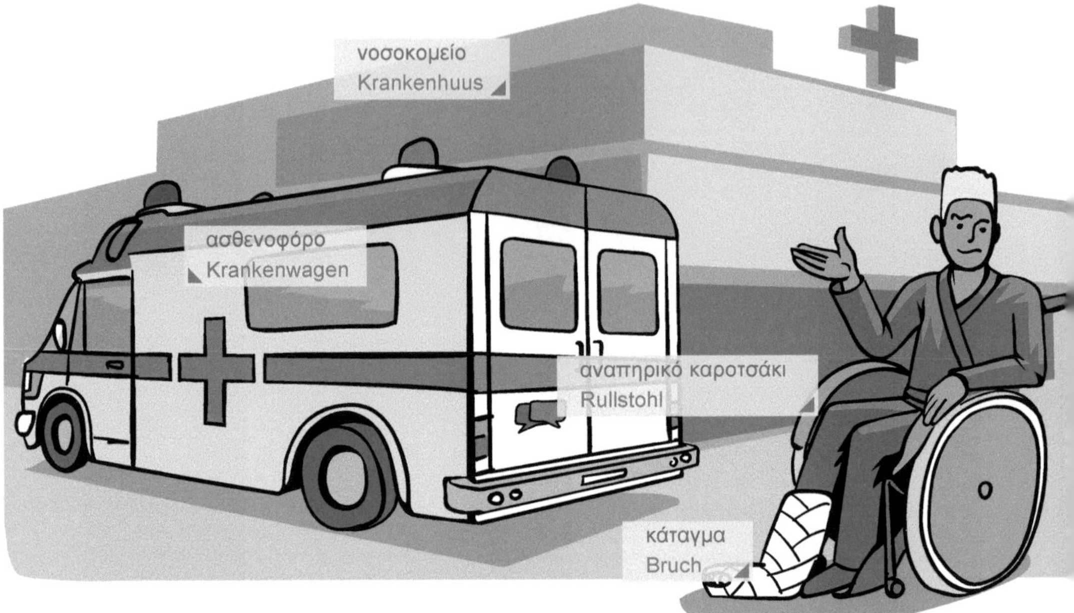

γιατρός
Dokter

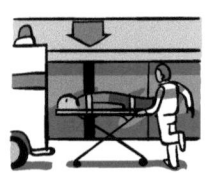

μονάδα εντατικής θεραπείας

Nootopnahm

νοσοκόμα
Krankensüster

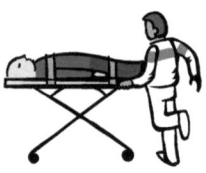

έκτακτη ανάγκη
Nootfall

λιπόθυμος
ahnmächtig

πόνος
Wehdaag

τραύμα

Verwunnen

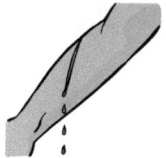

αιμορραγία

Blöden

έμφραγμα

Hartinfarkt

εγκεφαλικό

Slaganfall

αλλεργία

Allergie

βήχας

Hoosten

πυρετός

Fever

γρίπη

Gripp

διάρροια

Dörchfall

πονοκέφαλος

Koppwehdaag

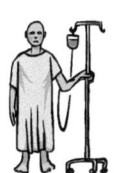

καρκίνος

Kreeft

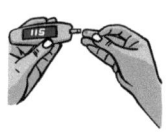

διαβήτης

Zuckersüük

χειρουργός

Chirurg

νυστέρι

Chirurgsch Mess

εγχείρηση

Operatschoon

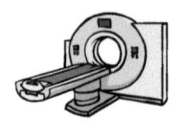

αξονική τομογραφία

CT

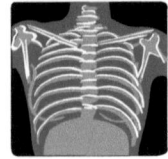

ακτινογραφία

Dörchlüchten

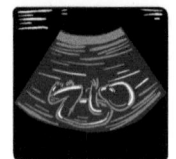

υπέρηχος

Ultraschall

μάσκα

Mask

ασθένεια

Krankheit

αίθουσα αναμονής

Töövruum

πατερίτσα

Krück

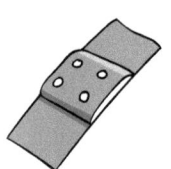

χάνσαπλαστ

Plaaster

επίδεσμος

Verband

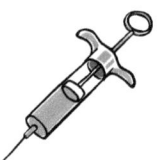

ένεση

Insprütten

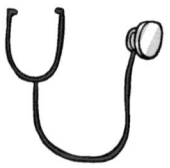

στηθοσκόπιο

Stethoskop

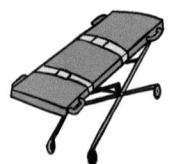

φορείο

Draag

θερμόμετρο

Feverthermometer

γέννηση

Geboort

υπέρβαρο

Övergewicht

ακουστικό βαρηκοΐας

Höörapparat

αντισηπτικό

Kiemfriemiddel

λοίμωξη

Ansteken

ιός

Virus

HIV/AIDS

HIV / AIDS

φάρμακο

Heelmiddel

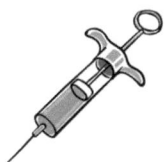

εμβολιασμός

Impen

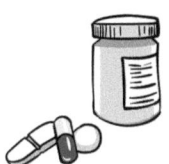

δισκία

Tabletten

χάπι

Pill

κλήση έκτακτης ανάγκης

Nootroop

πιεσόμετρο αίματος

Blootdruck-Meter

άρρωστος / υγιής

krank / gesund

Βοήθεια!

Hölp!

συναγερμός

Alarm

βιαιοπραγία

Överfall

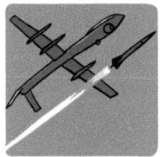

επίθεση

Angreep

κίνδυνος

Gefohr

έξοδος κινδύνου

Nootutgang

Φωτιά!

Füer!

πυροσβεστήρας

Füerlöscher

ατύχημα

Unfall

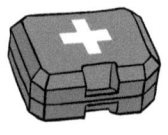

κουτί πρώτων βοηθειών

Noothölpkoffer

SOS

SOS

αστυνομία

Polizei

Ευρώπη

Europa

Βόρεια Αμερική

Noordamerika

Νότια Αμερική

Süüdamerika

Αφρική

Afrika

Ασία

Asien

Αυστραλία

Australien

Ατλαντικός Ωκεανός

Atlantik

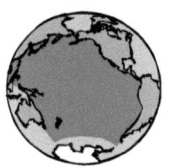

Ειρηνικός Ωκεανός

Pazifik

Ινδικός Ωκεανός

Indisch Weltmeer

Ανταρκτικός Ωκεανός

Antarktisch Weltmeer

Αρκτικός Ωκεανός

Arktisch Weltmeer

Βόρειος Πόλος

Noordpol

Νότιος Πόλος

Süüdpol

Ανταρκτική

Antarktis

Γη

Eerd

γη

Land

θάλασσα

See

νησί

Eiland

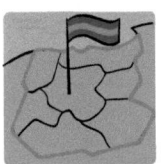

έθνος

Natschoon

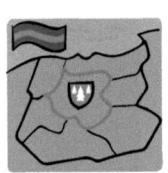

πολιτεία

Staat

καντράν ρολογιού

Tallenblatt

ωροδείκτης

Stunnenwieser

λεπτοδείκτης

Minutenwieser

δείκτης δευτερολέπτων

Sekunnenwieser

Τι ώρα είναι;

Wo laat is dat?

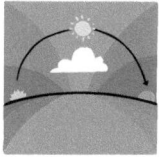

ημέρα

Dag

χρόνος

Tiet

τώρα

nu

ψηφιακό ρολόι

digetaalsch Klock

λεπτό

Minuut

ώρα

Stunn

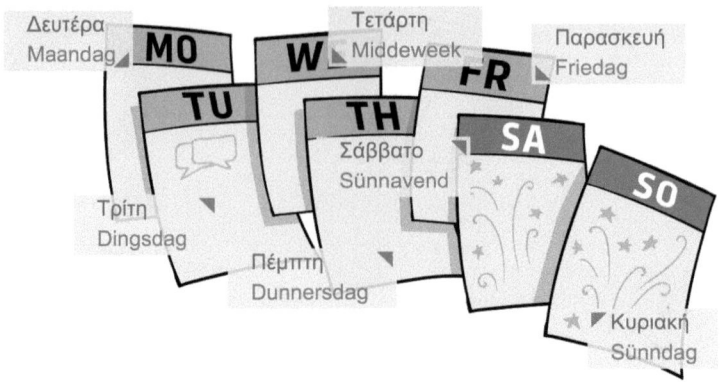

Δευτέρα Maandag · MO
Τετάρτη Middeweek · W
Παρασκευή Friedag · FR
TU
TH
Σάββατο Sünnavend · SA
SO
Τρίτη Dingsdag
Πέμπτη Dunnersdag
Κυριακή Sünndag

χθες

güstern

σήμερα

hüüt

αύριο

morgen

πρωί

Morgen

μεσημέρι

Meddag

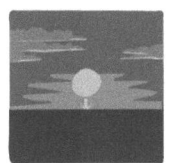

βράδυ

Avend

MO	TU	WE	TH	FR	SA	SU
1	2	3	4	5	6	7
8	9	10	11	12	13	14
15	16	17	18	19	20	21
22	23	24	25	26	27	28
29	30	31	1	2	3	4

εργάσιμες ημέρες

Arbeitsdaag

MO	TU	WE	TH	FR	SA	SU
1	2	3	4	5	6	7
8	9	10	11	12	13	14
15	16	17	18	19	20	21
22	23	24	25	26	27	28
29	30	31	1	2	3	4

Σαββατοκύριακο

Wekenenn

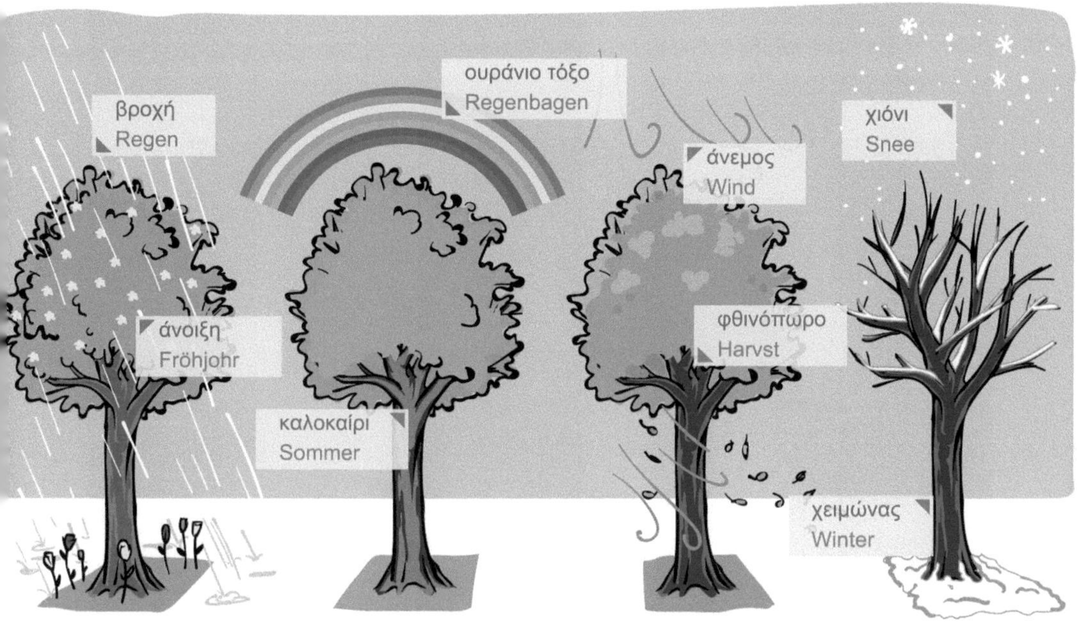

βροχή
Regen

ουράνιο τόξο
Regenbagen

χιόνι
Snee

άνεμος
Wind

άνοιξη
Fröhjohr

φθινόπωρο
Harvst

καλοκαίρι
Sommer

χειμώνας
Winter

4.APRIL	11°	☀
5.APRIL	4°	🌦
6.APRIL	13°	⛅
7.APRIL	8°	❄
8.APRIL	10°	☀

πρόγνωση καιρού

Wedervörhersaag

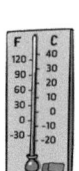

θερμόμετρο

Thermometer

λιακάδα

Sünnenschien

σύννεφο

Wulk

ομίχλη

Nevel

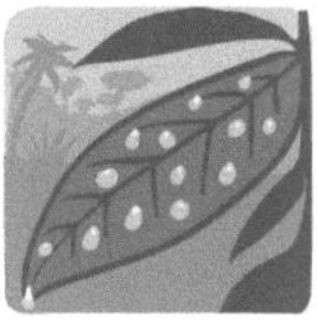

υγρασία

Luftfuchtigkeit

αστραπή

Blitz

κεραυνός

Dunner

καταιγίδα

Storm

χαλάζι

Hagel

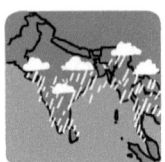

μουσώνας

Monsun

πλημμύρα

Floot

πάγος

Ies

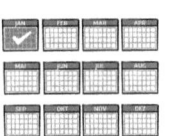

Ιανουάριος

Januormaand

Φεβρουάριος

Februormaand

Μάρτιος

Martmaand

Απρίλιος

Aprilmaand

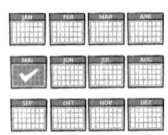

Μάιος

Maimaand

Ιούνιος

Junimaand

Ιούλιος

Julimaand

Αύγουστος

Augustmaand

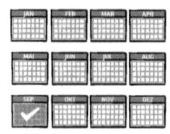

Σεπτέμβριος

Septembermaand

Οκτώβριος

Oktobermaand

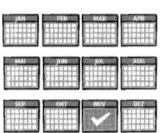

Νοέμβριος

Novembermaand

Δεκέμβριος

Dezembermaand

σχήματα
Formen

κύκλος

Krink

τετράγωνο

Quadrat

ορθογώνιο
παραλληλόγραμμο
Rechteck

τρίγωνο

Dreeeck

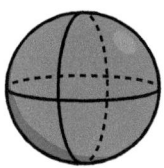

σφαίρα

Kugel

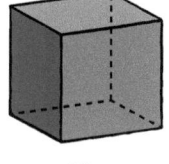

κύβος

Wörpel

άσπρο

witt

κίτρινο

geel

πορτοκαλί

orangsch

ροζ

pink

κόκκινο

root

μωβ

lila

μπλε

blau

πράσινο

gröön

καφέ

bruun

γκρι

gries

μαύρο

swart

πολύ / λίγο

veel / wenig

θυμωμένος / ήρεμος

böös / verdreeglich

όμορφος / άσχημος

smuck / mies

αρχή / τέλος

Begünn / Enn

μεγάλος / μικρός

groot / lütt

φωτεινός / σκοτεινός

hell / düüster

αδελφός / αδελφή

Broder / Süster

καθαρός / λερωμένος

schier / schietig

πλήρης / ατελής

kumpleet / nich kumpleet

ημέρα / νύχτα

Dag / Nacht

νεκρός / ζωντανός

doot / lebennig

φαρδύς / στενός

breet / small

βρώσιμος / μη βρώσιμος

geneetbor / nich geneetbor

κακός / ευγενικός

böös / fründlich

ενθουσιασμένος / βαριεστημένος

fickerig / langwielt

παχύς / λεπτός

dick / dünn

πρώτος / τελευταίος

toeerst / toletzt

φίλος / εχθρός

Fründ / Fiend

γεμάτος / άδειος

vull / leddig

σκληρός / μαλακός

hart / week

βαρύς / ελαφρύς

swoor / licht

πείνα / δίψα

Smacht / Döst

άρρωστος / υγιής

krank / gesund

παράνομος / νόμιμος

nich na't Recht / na't Recht

έξυπνος / χαζός

klook / dummerhaftig

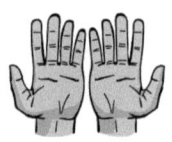

αριστερός / δεξιός

linkerhand / rechterhand

κοντινός / μακρινός

neeg / feern

καινούριος /
μεταχειρισμένος

nieg / bruukt

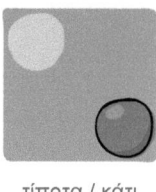

τίποτα / κάτι

nix / wat

γέρος | νέος

oolt / jung

αναμμένος / σβηστός

an / ut

ανοιχτός / κλειστός

apen / slaten

χαμηλόφωνος /
μεγαλόφωνος
lies / luut

πλούσιος / φτωχός

riek / arm

σωστός / λανθασμένος

richtig / verkehrt

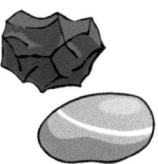

τραχύς / λείος

ruug / glatt

λυπημένος / χαρούμενος

trurig / glücklich

κοντός / μακρύς

kort / lang

αργός / γρήγορος

suutje / flink

υγρός / στεγνός

natt / dröög

ζεστός / δροσερός

warm / köhl

πόλεμος / ειρήνη

Krieg / Freden

0	**1**	**2**
μηδέν	ένα	δύο
null	een	twee
3	**4**	**5**
τρία	τέσσερα	πέντε
dree	veer	fief
6	**7**	**8**
έξι	εφτά	οκτώ
söss	söven	acht
9	**10**	**11**
εννιά	δέκα	έντεκα
negen	teihn	ölven

12

δώδεκα

twölf

13

δεκατρία

dörteihn

14

δεκατέσσερα

veerteihn

15

δεκαπέντε

föffteihn

16

δεκαέξι

sössteihn

17

δεκαεφτά

söventeihn

18

δεκαοκτώ

achtteihn

19

δεκαεννέα

negenteihn

20

είκοσι

twintig

100

εκατό

hunnert

1.000

χίλια

dusend

1.000.000

εκατομμύριο

million

Αγγλικά

Engelsch

Αμερικάνικα Αγγλικά

Amerikaansch Engelsch

Μανδαρίνικα Κινέζικα

Chineesch Mandarin

Χίντι

Hindi

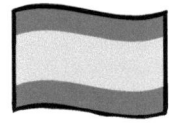

Ισπανικά

Spaansch

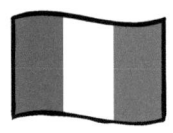

Γαλλικά

Franzöösch

Αραβικά

Araabsch

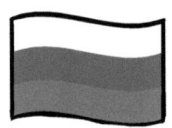

Ρώσικα

Rusch

Πορτογαλικά

Portugiesch

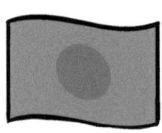

Μπενγκάλι

Bengaalsch

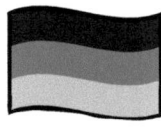

Γερμανικά

Düütsch

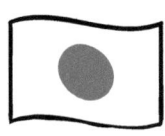

Ιαπωνικά

Japaansch

εγώ

ik

εσύ

du

αυτός / αυτή / αυτό

he / se / dat

εμείς

wi

εσείς

ji

αυτοί / αυτές / αυτά

se

ποιος / ποια / ποιο;

keen?

τι;

wat?

πώς;

woans?

πού;

woneem?

πότε;

wannehr?

όνομα

Naam

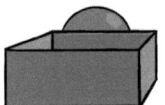

πίσω
achter

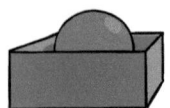

μέσα
in

μπροστά
vör

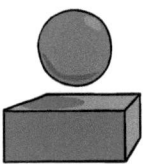

πάνω από
över

πάνω
op

κάτω
ünner

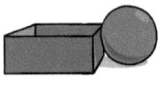

δίπλα
blangen

ανάμεσα
twüschen

μέρος
Oort